ギーターとブラフマン

The Essence of Śrīmad Bhagavadgītā
and
the guide of Brahma Sūtraṃ

真下尊吉
Mashimo Takayoshi

श्रीमद्भगवद्गीता च ब्रह्मसूत्रम्
अनुसरणम्

東方出版

文学的あるいは哲学的なサンスクリット文献の最も顕著な特徴は、みずからを独自な作品として提示することはなく、伝承されたテクストの注釈であるという形で提示されている。

〜 ピエール・シルヴァン・フィオリサ著 竹内信夫訳『サンスクリット』

C'est un trait majeur de la production littéraite et philosophique sanskrite qu'elle se présente plus sour la forme de commentaires de textes que sour celle d'oeuvre originales.

〜 Pierre - Sylvain Fiolliozat ; LE SANSKRIT

まえがき

　日本の谷川から流れ下った川、フランスのセーヌ河、更には、ヒマラヤ山脈のガンゴートリー氷河を水源とするインドのガンジス河は、やがて大海に注ぐが、これら3つの川はそれぞれ異なる。これらの川を流れる水は、それぞれの国の言語であり、インドではサンスクリット語である。その水をありのままよく見なければ、大海という一つになる真の姿、つまり、真理はなかなか分からない。インドには、ヴェーダを源流とするウパニシャッドの理解の仕方によって、本流のアースティカ（आस्तिक）に、サーンキャ（सांख्य）、ヨーガ（योग）、プールヴァ・ミーマーンサー（पूर्वमीमांसा）、ヴェーダーンタ（वेदांत）、ニャーヤ（न्याय）、ヴァイシェーシカ（वैशेषिक）があり、支流としては、ナースティカ（नास्तिक）と呼ばれるブッディズム（बुद्धिस्म्）、ジャイニズム（जैनिस्म्）などがある、とされてきた。しかし、この従来の本流、支流という分け方は、果たして妥当なのだろうか？

　リース・デイビス（Rhys Davis）は、その著 *Buddhism: Its History and Literature* で次のように述べた。

- 事実の中の証言から、われわれが決して忘れてならないのは、ゴータマは、ヒンドゥとして生まれ、ヒンドゥとして育ち、ヒンドゥとして亡くなられたということです。
- 彼の教えは、独創的でしたが、祖先、先達たちの知的財産なくしては不可能だったでしょう。
- ブッディズムは、本質的にインド人の体系です。ブッダ自身は、生涯を通じて特徴的なインド人でした。

・しかも、ヒンドゥの中で最も偉大で、最も賢明で、最も優れた人物でした。

　また、S．ラダクリシュナンは、 The Indian Philosophy の中で「ブッディズムは、その多くのインスピレーションをウパニシャッドから得て、多くの原理はウパニシャッドそのものである」と言っているように、拙著『サンスクリット原典から学ぶ　般若心経入門』では、本流とか支流ではなく、むしろ大河の流れから一つの真理を見ていこうと試みた。

　本書では、マドレーヌ・ビアルドーが、「私が提唱する仮説は、**マハーバーラタ**とは、まさに、仏教を広めたアショーカ王の勢力に対する、バラモン教の逆襲だった」(註1)

（註1）L'hypothèse que je propose alors est que le MBh soit précisément la réplique du brahmanisme à la puissance d'Aśoka , empereur bouddhiste.

（L'hindouisme　p.280）

と述べている点に注目し、本流とされる６つのダルシャナは、ブッダのダルシャナから大きな衝撃を受けたことを物語っているので、叙事詩「マハーバーラタ」第６巻「ビーシュマ・パルヴァン」に含まれる「バガヴァッド・ギーター」では、それがどのように表現されたのかも見ていきたいと思う。

　さらに、ヨーガの書である「バガヴァッド・ギーター」は、マドレーヌ・ビアルドーが「ヨーガへの究極の目標を、（サーンキャのように）プルシャとの合一とする場合と（ヴェーダーンタのように）ブラフマンとの合一とする２つがあり、名前に好みはある

が、両者に違いはない」(註2)と指摘している点にも注意したい。

(註2) A première vue donc, il n'y pas guère de différence entre ceux qui appellent « Brahman » le terme de leur recherche et ceux qui préfèrent le nom de « Puruṣa ». (M.Biardeau：Le hindouism)

　本書の構成は、序説でマハーバーラタとバガヴァッド・ギーターの関係、ギーターを理解するためにマハーバーラタの中で登場人物の口を通して語られるヴェーダの教え、ダルマシャーストラやアルタシャーストラに述べられている4つのヴァルナ、4つのアルタ、4つの人生の過ごし方などを解説し、第1部で「バガヴァッド・ギーター」の第1章から第18章まで全700の詩句から各章ごといくつかずつを取り上げて邦訳、語釈を付けて解説する。

　次いで、第2部では、バガヴァッド・ギーターを理解するためヴェーダーンタ・ダルシャナの経典「ブラフマスートラ」全555詩句からブラフマンとアートマンに関する、ごく一部ではあるが37の詩句を選んで邦訳、語釈を付けて解説する。

　なお、「ヨーガスートラ」は、サーンキャ・ダルシャナと一体になっているので、拙著『サーンキャとヨーガ』では、イーシュワラクリシュナの「サーンキャカーリカー」全72詩句から必須の36詩句を選び、中見出しを付けて構成し、邦訳、語釈を付けて解説した。そして、「バガヴァッドギーター」を読むためには、さらに内容の深くなる残りの36詩句についても読む必要があるので、第3部に「サーンキャカーリカー入門（続）」として載せてある。読者は、すぐに「バガヴァッド・ギーター」では、「サーンキャカーリカー」が、「ブラフマスートラ」以上に、参照されている

のに気がつかれるであろう。また、巻末に、前著『サーンキャとヨーガ』との関連で「サーンキャカーリカーで使われた数の一覧表」を載せておいた。

次に、シュルティ（शुति）は、「天啓聖典」として手をふれることの出来ない聖域とされるが、それが何故なのかは今まで明確な説明を聞いたことがない。しかし、その理由はヴェーダーンタ、即ち、「ウッタラ（後期）ミーマーンサー」へと続く前の「プールヴァ（前期）ミーマーンサー」の経典ジャイミニの「ミーマーンサー・スートラ（जैमिनि: मीमाम्सासूत्रम्）」の概要を示したラウガークシの「アルタサングラハ（लौगाक्षि: भास्कर अर्थसम्ग्रह）」にあり、特に、「ヴェーダとは何か」、「何故、ヴェーダーンタ・ダルシャナでは、ウパニシャッドが参照され、根拠とされるのか」示されているので、第1章の中から必要な部分だけを紹介した。

なお、「インドの伝承されたテクストの注釈の形」という記述スタイルについて説明しておく。

1．原文の詩句　2．アンバヤ（サンスクリット特有のサンディを解いて散文体にしたもの）〜省略されることもある　3．語釈（語句の意味）4．訳文（翻訳される言語、日本語、英語・ドイツ語・フランス語・ヒンディ語など）　5．（その著を書いた人の）解説　6．以上に解説者がその詩句の内容を示す「中見出し」を付けることがある。全詩句を順に解説しない場合などに必要。

本書では、6→4→1→（読み・カタカナ）→3→5（2は省略）としている。なお、訳文のみで、原文、読みは省略している場合がある。

目　次

まえがき　　　　　　　　　　　　　　　　　　　1

第1部　バガヴァッド・ギーター入門　　　　　　9

　序説　　　　　　　　　　　　　　　　　　　　11
　　1．マハーバーラタのあらすじ　　　　　　　　11
　　2．バガヴァッド・ギーターについて　　　　　21
　　　a．マハーバーラタの中のバガヴァッド・ギーター　21
　　　b．ダルマとは？　　　　　　　　　　　　　23
　　　c．戦いの発端におけるアルジュナ　　　　　24
　　　d．クリシュナの登場　　　　　　　　　　　26
　　　e．ギーターはどこで始まり、どこで終わるのか　27
　　　f．ギーターの目次　　　　　　　　　　　　28
　　　g．ギーターにおけるバクティ　　　　　　　31
　　　h．4つのヴァルナ　　　　　　　　　　　　31
　　　i．スワダルマ　　　　　　　　　　　　　　38
　　　j．4つの人生の目的　　　　　　　　　　　41
　　　k．4つの人生の過ごし方　　　　　　　　　46
　　　l．3つの用語について〜ブラーフマナ、
　　　　　　　　　　　　バラモン、ブラフマン　48
　バガバッド・ギーター　　　　　　　　　　　　51
　　第1章　アルジュナの嘆きとヨーガ　　　　　51
　　第2章　ギャーナ・ヨーガ　　　　　　　　　52
　　第3章　カルマ・ヨーガ　　　　　　　　　　69

第4章　行為者のいない行為とヨーガ	79
第5章　無私の行為とヨーガ	93
第6章　ディヤーナ・ヨーガ	97
第7章　知識・洞察とヨーガ	105
第8章　不滅のブラフマンとヨーガ	117
第9章　隠れた最高の知識とヨーガ	123
第10章　至高の力とヨーガ	129
第11章　人格神の誕生とヨーガ	133
第12章　バクティ・ヨーガ	142
第13章　プルシャ・プラクリティとヨーガ	148
第14章　3つのグナの識別とヨーガ	155
第15章　プルシャ・ウッタマとヨーガ	166
第16章　神とアスラの対比とヨーガ	172
第17章　3つのグナに基づく信念とヨーガ	176
第18章　モークシャとヨーガ	184
参考文献	192
第2部　ブラフマスートラ入門	193
序　説	195
1．ヴェーダ	195
①ヴェーダの成立	195
②ヴェーダとは？　〜　アパウルシェーヤ	196
③祭祀、供犠	197
④巨大なアハンカーラ　〜　「アハム・ブラフマスミ」	198
⑤ヴェーダからウパニシャッドへ	200
2．プールヴァミーマーンサー・ダルシャナ	204

①プールヴァミーマーンサーの目的　　　　　　　205
　　②ダルマの定義　　　　　　　　　　　　　　　　205
　　③ダルマの本性　　　　　　　　　　　　　　　　206
　　④言葉の作り出すエネルギー　　　　　　　　　　209
　　⑤ヴェーダとは何か？　　　　　　　　　　　　　210

ブラフマスートラ　　　　　　　　　　　　　　　　　211
　　シュルティとは／ブラフマンとは／ブラフマンの本性／
　　ブラフマンとアートマンの識別／ブラフマンへの気づき／
　　サーンキャに対する反論と自らの主張／ヨーガダルシャナ
　　も否定／ジーヴァートマー／ブラフマンとの合一
　参考文献　　　　　　　　　　　　　　　　　　　　236

第3部　サーンキャカーリカー入門（続）　　　　　　　237
　凡例、及び参考文献　　　　　　　　　　　　　　　238
　　正しい3つの認識方法／認識できないものの証明／
　　原因と結果／プルシャ〜その2／プラクリティの展開／
　　創造の2つのルート／感覚器官と行動器官／内的器官／
　　ブッディの働き／粗大な要素／リンガの存在／生得の
　　気質／善・悪と浄・不浄／ブッディの損傷とその影響／
　　満足感／成就・達成／その他／モークシャ／伝承の恩恵
　サーンキャカーリカーで使われた数の一覧表　　　　269
あとがき　　　　　　　　　　　　　　　　　　　　　271

略記について　（Abbreviation）

ASG	अर्थसम्ग्रह	アルタサングラハ
ASH	कौथिलीय अर्थशास्त्र	カウティリーヤ・アルタシャーストラ
MB	Madeleine Biardeau	マドレーヌ・ビアルドー
MS	मनुस्मृति	マヌスムリティ
SKI	साम्ख्कारिका ईस्वरकृष्ण	サーンキャカーリカー・イーシュワラクリシュナ
TaiUP.	तैत्तिरीय उपनिषद्	タイッティーリーヤ・ウパニシャッド
ChhUP.	चान्दोग्य उपनिषद्	チャーンドーギャ・ウパニシャッド
BrhUP.	वृहदारण्यक उपनिषद्	ヴリハダーランニャカ・ウパニシャッド
MunUP.	मुण्डक उपनिषद्	ムンダカ・ウパニシャッド
KausUP.	कौषीतकि उपनिषद्	カウシータキー・ウパニシャッド
KathUP.	कथ उपनिषद्	カタ・ウパニシャッド
ManUP.	मांडूक्य उपनिषद्	マンドゥーキャ・ウパニシャッド

原文詩句の読みについて

サンスクリット原文には原則としてカタカナで読みを付けているが、一部、省略している場合があるのでご了承いただきたい。

第1部
バガヴァッド・ギーター入門

the Essence of Śrīmad Bhagavadgītā

序　説

1．マハーバーラタ（महाभारत）のあらすじ

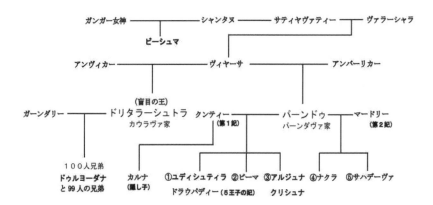

　ドゥシュヤンタ王とシャクンタラーとの間に生まれた、大バラタ王を始祖とするクル族にドリタラーシュトラ（धृतराष्ट्र）とパーンドゥ（पांडु）の兄弟があり、兄ドリタラーシュトラは、盲目のため弟のパーンドゥが王位を継ぐ。ドリタラーシュトラには１００人の王子があり、パーンドゥには５人の王子があった。パーンドゥ亡き後、クンティー（कुन्ती）に育てられた５人の王子は、大叔父ビーシュマ（भीष्म）、兄王ドリタラーシュトラの庇護を受けることになる。しかし、五王子の長兄ユディシュティラ（युधिष्ठिर）とドゥルヨーダナ（दुर्योधन）の王位継承権争い、隣国パンチャーラ

での王女ドラウパディー（द्रौपदी）の選夫式での五王子の中の第三王子アルジュナ（अर्जुन）の勝利など、クル国（कुरु）は二分、カウラヴァ家はハースティナープラ（हस्तिनापुर）を、パーンダヴァ家は辺境のインドラプラスタ（इन्द्रप्रस्थ）を治めることになった。インドラプラスタは繁栄を極め、ドゥルヨーダナは嫉妬し、五王子をいかさまサイコロ賭博におびき寄せ王位、王国、王妃などすべてを奪い取る。五王子達は追放され、１２年間森での生活を余儀なくされた。両家の戦いは、このように徐々にいくつもの要因が積み重なって避けられないものとなり、遂に、クルクシェートラ（कुरुक्षेत्र）の地に相対峙することになる。

「マハーバーラタ」に描かれる光景は、勿論、歴史的なものではない。歴史上実在したかもしれない人物を含めて、大部分は突き止めることは困難である。(M.Biardeau L'Hindouisme p.24)

と、マドレーヌ・ビアルドーは述べているが、全体の「あらすじ」を知るためには、例えば、１９８９年にイギリスの演出家のピーター・ブルックが２０世紀演劇として作成した「マハーバーラタ」（映画版）(註)がある。

　(註)　１９８９年にＮＨＫ－ＢＳで放映されたが、現在は、英語字幕版がＤＶＤで出ている。

また、同時に、この演劇のスクリプトに相当する英訳版、*The Mahabharata: A play based upon the Indian Classic Epic* by Jean–Claude Carrière translated from the French by Peter Brook もある。他にも概略を知るには、ラージャゴーパーラチャリ（Rajagopalachari）の英訳本やその邦訳も、あることにはある。

しかし、「マハーバーラタ」は、このような手段によっては、到底理解は不可能である。何故であろうか？

サンスクリット原典のアーディ・パルヴァ（आदि पर्व）のアンシャヴァタラナ・パルヴァ（अंशवतरन पर्व）の第４３詩句では次のように述べられている。

（マハーバーラタにも含まれる）ダルマ、アルタ、カーマ、モークシャは、どこでも目にするが、マハーバーラタに無いものは、どこを捜しても見つからない。

धर्मे चार्थे च कामे मोक्षे च भरतर्षभ।
ダルメー・チャールタ・チャ・カーメ・モークシェー・チャ・バ ラタルシャバ
यदिहास्ति तदन्यत्र यत्रेहास्ति न तत्कचित् ॥४३॥
ヤディハースティ・タダ゛ンニャトラ・ヤットレーハースティ・ナ・タットクヴ ァチット

つまり、この２０万行を超えると言われる叙事詩「マハーバーラタ」には、**起こることすべてが描かれている**と言っている訳で、「バガヴァッド・ギーター」は、その中の僅か７００詩句に過ぎない。そのことを、われわれはすぐに思い知らされる。

アーディ・パルヴァ（आदि पर्व）のサムバヴァ・パルヴァ（सम्भव पर्व）は、パーンダヴァ家の「パーンドゥ王の死」である。われわれは、カウラヴァ家との戦いから当然のことながら戦死であると想像するであろう。しかし、第７詩句から第３１詩句にかけて、その死因と弔い方に驚愕する。

人里離れた森で、ロータスの瞳の妻、（薄い衣を纏った）マードリーの身体が透けて見える姿を見ているうちに、欲情を抑えきれなくなった王は、力ずくでマードリーを押し倒そうとしたので、彼女は、恐怖のあまり激しく抵抗した。（7）（8）

रहस्ये तु तां दृष्ट्वा राजा राजीवलोचनाम् ।
ラハスエー・トゥ・ターン・ドゥリシュター・ラージャー・ラージーヴァローチャナーム

न शशाक नियन्तुं तं कामं कामवशीकृतः ॥ ७ ॥
ナ・シャシャカ・ニヤントゥム・タン・カーマン・カーマヴァシークリタ

तत एनां बलाद् राजा निजग्राह रहो गताम् ।
タタ・エーナーム・バラード・ラージャー・ニジャグラーハ・ラホー・ガターム

वार्यमाणस्तया देव्या विस्फुरन्त्या यथाबलम् ॥ ८ ॥
ヴァールヤマーナスタヤー・デーヴィヤー・ヴィスプランッヤー・ヤターバルム

訳があって呪詛をかけられ、妻に触れることが出来ないことなど、王はすっかり忘れ、力ずくでマードリーにのしかかった。呪いのもたらすもの、運命に駆り立てられ、欲情のおもむくまま、王は命も尽きよとばかり彼女をかき抱く。（9）（10）

स तु कामपरीतात्मा तं शापं नान्वबुध्यत ।
サ・トゥ・カーマパリータートマー・タン・シャーパム・ナーンヴァブッドゥヤタ

मार्द्रीं मैथुनधर्मेण सोऽन्वगच्छद् बलादिव ॥ ९ ॥
マードゥリーム・マイトゥナダルメーナ・ソーンヴァガッチャッド・バラーディヴァ

जीवितान्ताय कौरव्य मन्मथस्य वशं गतः ।
ジーヴィタースターヤ・カウラヴィヤ・マンマタスヤ・ヴァシャム・ガタハ

14

शापजं भयमुत्सृज्य विधिना सम्प्रचोदितः ॥ १० ॥
シャーパジャム・バヤムッスリジャ・ヴィディナ・サンプラチョーディタハ

情欲に麻痺し、徳もある王とまで言われたパーンドゥは、こうして彼女の上にのしかかったまま絶命し、自らを破滅に追いやってしまった。（１１）（１２）

तस्य कामात्मनो बुद्धिः साक्षात् कालेन मोहिता ।
タスヤ・カーマートマノー・ブッディヒ・サークシャート・カーレーナ・モーヒター
सम्प्रमथ्येन्द्रियग्रामं प्रणष्टा सह चेतसा ॥ ११ ॥
サンプラマットィエーンドリヤグラマン・プラナシュター・サハ・チェータサー
तया सह संगम्य भार्यया कुरुनन्दनः ।
タヤー・サハ・サンガミャ・バールヤヤー・クルナンダナハ
पाण्डुः परमधर्मा युयुजे कालधर्मणा ॥ १२ ॥
パーンドゥフ・パラマダルマー・ユユジェー・カーラダルマナー

私たちは抱き合っている最中に、まだ、満足半ばで、あの方は亡くなられてしまわれました。私が、一緒に弔われるべきで、あの方とヤマの国へ往き、一つになって想いを遂げたいのです。クンティお姉様、どうぞ、それをお許し下さい。（２５）（２６）

अहमेवानुयास्यामि भर्तारमपलायिनम् ।
アハメーヴァーヌヤースヤーミ・バルタラマパラーイナム
न हि तृप्तास्मि कामानां ज्येष्ठा ममनुमन्यताम् ॥ २५ ॥
ナ・ヒ・トゥリプタースミ・カーマーナーン・ジエーシュター・ママヌマンニャターム
मां चाभिगम्य क्षीणोऽयं कामाद् भरतसत्तमः ।

マーン・チャービ・ガ・ミャ・クシーノーヤム・カーマード・バ・ラタサッタマハ

तमुच्छिन्द्यमस्य कामं कथं नु यमसादने ॥ २६ ॥

タムッチンド・ヤマスヤ・カーマン・カタム・ヌ・ヤマサーダ・ネー

この様に言うと、パーンドゥの正式の妻（マドラ王の娘で法的にも結婚した第2王妃）マードリーは、夫の横たわる火葬の薪の上へと足を運んだ。（31）

इत्युक्त्वा तं चिताग्निस्थं धर्मपत्नी नरर्षभम् ।
イットゥユクトヴァー・タン・チターグ・ニスタム・ダルマパットニー・ナラルシャバム
मद्रराजसुता तूर्णमन्वारोहद् यशस्विनी ॥ ३१ ॥
マドゥラージャスター・トゥールナマンヴァーローハッド・ヤシャスヴィニー

　第1王妃のクンティーには、ユディシュティラ、ビーマ、アルジュナの3王子があり、第2王妃のマードリーには、ナクラとサハデーヴァの2王子がいる。しかし、実は、パーンドゥ王には、ある事情から呪詛がかけられ、二人の王妃の身体に触れることはできないので、これらの王子達は、二人の間の子供ではない。いずれも、神々の力を借りて誕生した王子達である。また、クンティーには、隠し子のカルナもいる、といった複雑さは、最初から伏線になっていて、突然のパーンドゥの死因（腹上死、医学的には、性交死）とマードリーの焚死、つまり、寡婦となった女性は、そのサティー（a faithful wife 貞淑さ）を示すため、焚死の慣習があったとされるが、われわれは度肝を抜かれる。
　パーンドゥ王に呪詛がかけられたのは、実は、森で大鹿の姿をしたリシ（バラモン）が子孫を残すため、雌鹿と性行為を行って

いる時、矢で射殺したためで、お妃と交接すれば、死ぬ運命になっていたのだ。

　これが第４３詩句に、「マハーバーラタ」には、**起こることすべてが描かれている**と書かれていた一例である。つまり、徳があろうがなかろうが、ドゥヴィジャと言われる上位３ヴァルナであろうが、シュードラや不可触民であろうがなかろうが、人に魂というものがあって、その位置によって、仏教でいうところの「迷界（六道）」＝地獄・餓鬼・畜生・修羅・人間・天上、「悟界（四聖）」＝声聞・縁覚・菩薩・仏という心の十の階梯を上下し、それによってこの世のすべての行為がなされ、ありとあらゆることが起こる。

　この一例で「マハーバーラタ」に描かれている片鱗を知ることが出来るが、サンスクリット語にはリーラー（लीला）という言葉があり、このことは、ギーターの第１１章で、アルジュナが同じような体験をする。つまり、すべては神の戯れであって、われわれはその役者に過ぎない、ということが分かる。従って、「マハーバーラタ」には、そのすべての出来事や事件が描かれているのだ。

　では、一体「マハーバーラタ」は、どのような趣旨で、誰を対象にして書かれたものなのだろうか？

　スワルガローハナ・パルヴァ（स्वर्गरोहण पर्व）の第７９詩句には次のように書かれている。

マハーバーラタは、毎日聴き、その効用を公表せよ。マハーバーラタが家にあるだけで、ジャヤ（勝利の賛歌）として知られるすべての経典を手にしているのも同然である。（７９）

भारतं शृणुयान्नित्यं भारतं परिकीर्तयेत् ॥
バーラタム・シュリヌヤーンニッティヤム・バーラタム・パリキールタイェート
भारतं भवने यस्य तस्य हस्तगतो जयः ॥ ८९ ॥
バーラタム・バ ヴ ァネー・ヤスヤ・タスヤ・ハスタガトー・ジ ャヤハ

マハーバーラタを聴く者、また、他の人に読んで聴かせる者は、一切の罪が清められ、遂にはヴィシュヌ神の元へと行けるであろう。（２０３）

शृणोति श्रावयेद् वापि सततं चैव यो नरः ॥
シュリノーティ・シュラーヴ ァイェード・ヴ ァーピ ・サタタム・チャイヴ ァ・ヨー・ナラハ
सर्वपापविनिर्मुक्तो वैष्णवं पदमाप्नुयात् ॥ २०३ ॥
サルヴ ァパ ーパ ヴ ィニルムクトー・ヴ ァイシュナヴ ァム・パ ダ マープ ヌヤーット

そして、第８３詩句に、

マハーバーラタを詠唱する者は、学識者で良き声に恵まれ、言葉の明瞭な発声の出来る者でなければならない。かかる者こそマハーバーラタの朗読者にふさわしい。（８３）

वाचको भरतश्रेष्ठ व्यक्ताक्षरपदस्वरः ।
ヴ ァーチャコー・バ ラタシュレーシュタ・ヴ ィヤクタークシャラパ ダ スヴ ァラハ
भविष्यं श्रावयेद् विद्वान् भारतं भरतर्षभ ॥ ८३ ॥
バ ヴ ィシュヤム・シュラーヴ ァイェード・ヴ ィドゥヴ ァーン・バ ーラタム・バ ラタルシャバ

とあることから、ヴェーダ、ウパニシャッド、６つのダルシャ

ナを含む「マハーバーラタ」を理解し、詠唱できる者といえばドゥヴィジャ（上位3ヴァルナ）であることは明らかである。

マハートマ・ガンジーは、常にギーターを持ち歩き、指導者として人生の指針としたことはよく知られているし、「不可触民の父」と言われているが、本当にそうなのであろうか。

また、この「マハーバーラタ」の全訳をされた山際素男氏は、「訳していてうんざりしたことがある」と書いておられる。（『不可触民と現代インド』（１９１頁）それは何故であろうか？

起こることはすべてが描かれている

これは、神の戯れとして、われわれが演ずるすべてのことが書かれているとすれば、われわれの手本となることも、そうでないことも書かれている。従って、ある人にとっては座右の書となっても、そうでない場合もある訳で、結論は、**決めてかかってはならない**、ということである。

「マハーバーラタ」では、いろんな場面で、**登場人物の口を借りて**、ヴェーダやウパニシャッド、サーンキャ・ダルシャナ、ヨーガ・ダルシャナ、ヴェーダーンタ・ダルシャナの内容が語られる。

「マハーバーラタ」のアーディ・パルヴァ（आदि पर्व）のアヌクラマニカ・パルヴァ（अनुक्रमनिक पर्व）には、次の句がある。

> 長い時が経ち、天神達（神々）が一同に会し、４ヴェーダとマハーバーラタを天秤にかけたところ、マハーバーラタの方に傾いた。（２７０）

この時以来、マハーバーラタと呼ばれるようになり、質・量とも、その優位性が揺るがぬものとなった。この意味の分かる人は、すべての罪から解放され自由になる。（２７１）

पुरा किल सुरैः सर्वैः समेत्य तुलया धृतम् ।
プラー・キラ・スライヒ・サルヴァイヒ・サメートヤ・トゥラヤー・ドゥリタム
चतुर्भ्यः सरहस्येभ्यो वेदेभ्यो ह्यधिकं यदा ॥ २७० ॥
チャトゥルビャハ・サラハスイェービョーホ・ヴェーデービョー・ヒャディカム・ヤダー

तदा प्रभृति लोकेऽस्मिन् महाभारतमुच्छते ।
タダー・プラブリッティ・ローケースミン・マハーバーラタムッチャテー
महत्त्वे च गुरुत्वे च ध्रियमाणं यतोऽधिकम् ॥
マハットヴェー・チャ・グルットヴェー・チャ・ドゥリヤマーナム・ヤトーディカム

महत्त्वाद्भारवत्त्वाच्च महाभारतमुच्छते ।
マハットヴァードバーラヴァットヴァーッチャ・マハーバーラタムッチャテー
निरुक्तमस्य यो वेद सर्वपापैः प्रमुच्यते ॥ २७१ ॥
ニルクタマスヤ・ヨー・ヴェーダ・サルヴァパーパイヒ・プラムッチャテー

マハーバーラタに無いものは、どこを捜しても見つからない。

　ということは、すべてのことは「マハーバーラタ」には「書かれて、在る」ということを意味し、４ヴェーダやウパニシャッド、サーンキャなどの６つのダルシャナまでも「マハーバーラタ」は、まるでブラック・ホールのようにすべてを呑み込んでしまった。

従って、この中の僅か７００の詩句に過ぎないが、「バガヴァッド・ギーター」を読むため必要となる４つのヴァルナ、４ヴァルナの義務、４つの人生の目的、４つのアーシュラマ（人生の過ごし方）などについてバラモン、クシャトリヤが手本にした「ダルマ・シャーストラ（マヌ・スムリティ）」やカウティリヤの「アルタシャーストラ」の内容も、この中にあって、同じように登場人物の口から順次語られる。

２．バガヴァッド・ギーターについて

ａ．マハーバーラタの中のバガヴァッドギーター

「マハーバーラタ」は、２０万行とも言われる大叙事詩の中の僅か７００詩句に過ぎない。その詩句は、ビーシュマ・パルヴァン（भीष्म पर्वन्）の中のバガヴァッド・ギーター・パルヴァン１３章から４２章すべてではなく、２５章から４２章がそれに相当し、１３章から１７章までは、「ビーシュマの死」、つまり、ビーシュマがシカンディン（शिखण्डिन्）によって殺害され、カウラヴァ家のドリタラーシュトラ王が、それを深く悲しみ、何故、彼が、どのように殺害されたのかをサンジャヤ（संज्य）に尋ねるところが描写されている。

もともと、カウラヴァ、パーンダヴァ両家にとって大叔父に当たるビーシュマには、パーンダヴァ家のシカンディンは、かつて女性であったので、殺す意図はなく、また、ユダーマンニュ王（युधामन्यु）とウッタマウジャス（उत्तमौजः）がアルジュナを左右から護り、アルジュナ自身がシカンディンを護る万全の体制をと

っていた。おまけに、ビーシュマ自身は、クシャトリヤにとって病死は不名誉であっても、戦場での死は名誉であると考えていたのである。「バガヴァッド・ギーター」は、従って、「ビーシュマの死」からの回顧の形で始まる。

　次に、もう一つ、重要なことがある。
「ビーシュマの死」は、一体何を意味するのであろうか？
ビーシュマは、長老であり師として、「マハーバーラタ」の登場人物中、最も多く彼の口を借りて、ヴェーダなどの内容を語ってきた。（１２巻のシャーンティ・パルヴァなどを参照）
それが、彼の死によって、人間から神へとバトンタッチされたのである。勿論、ビーシュマは、冒頭の登場人物系図で示したとおりガンガー女神とシャンタヌの間に生まれたが、ヴィシュヌ神の化身であるクリシュナとは大きく異なり、神がアルジュナに語りかける全く別の形へと姿を変えた。従って、「バガヴァッド・ギーター」は、「神の歌」となったのである。

　「バガヴァッド・ギーター」が、何故、ビーシュマ・パルヴァンに入っているのか、「ビーシュマの死」は、それを象徴している。
　さて、マハーバーラタにおける戦いは、ダルマ（धर्म）とアダルマ（अधर्म）が描かれる。ダルマとは「起こることすべては常に正しいことであり、誤ったことは起こりえない。誤ったことが起こっているようでも先入観なく見れば誤ったことは起こりえず、すべてが正しいこと」である。従って、それを破れば世界は滅びる。この社会は、常に変化を繰り返しながら一種の平衡状態を保っているわけで、ダルマは宇宙社会秩序とも言える。前述のように、「バガバッド・ギーター（भगवद्गीता 神の歌）」は、叙事詩「マハーバーラタ」第６巻のビーシュマ・パルヴァ（भीष्म पर्व）に含まれる

第25章～42章であるが、高楠順次郎博士が「印度古聖歌」（1921年）で下記の様に述べておられるように、全編「ヨーガ」の書である。

> 瑜伽（ヨーガ）の語は本編の骨子たるを以て、その解釋は殊に注意を要す、多くの場合は瑜伽の二字を以て音譯し得べしと雖、その瑜伽の果して何たるかを知らずして終る如きは、本篇述作の意義を失ふものたれば、殊にこれを正解するを要す。（124頁）

b．ダルマ（धर्म）とは？

　この言葉は、マヌスムリティ（मनुस्मृति 以下、MSと略記）に詳しい。もともとダルマとは、宇宙秩序であり、社会秩序である。そして、古代インドにおいては、ダルマは4ヴァルナのうち最上位の祭祀を司るバラモンを介して伝えられた。

> シュルティ（ヴェーダ）、及びスムリティ（聖伝）で教示された行動様式こそ、最高のダルマ（परमो धर्म）である。従って、その能力に恵まれたドゥヴィジャは、いかなる場合も、それに留意し従うべきである。（1－108）（以下、原文は省略）

　逆に、「アダルマ（अधर्म）」は、

> 人は、アダルマ、即ち、ダルマに背く行為をしても、しばらくは栄え、幸福を得たり、あるいは敵を征服したかのように思うが、結局、すべて根底から破壊される。（1－174）

「マハーバーラタ」では、ヴァナ・パルヴァ（वन पर्व）において、聖者シャウナカ（शौनक）の口から、ユディシュティラ（युधिष्ठिर）に「8つのダルマ」として以下のように語られる。（原文省略）

> 祭祀（供犠）を行うこと、勉学、布施・贈り物をすること、タバ（自己学習）、真理を知ること、寛容さ、感覚の抑制（克己）、欲望の克服、以上がスムリティの述べる8つのダルマである。（75）

> 最初の4つは、祖先（の霊）に対してであり、すべての者が行うべき義務である。それによってアビマーナを放棄することができる。（76）

アビマーナとは、「ある状態が、このまま永遠に続いてほしいという願い・欲望」のことである。

> 後の4つは、天へ導かれるものであり、8つのダルマは、敬虔なる者が常に気づくべきものである。（77）

ｃ．戦いの発端におけるアルジュナ

クルクシェートラの地に両家が相対峙し、これからいよいよ戦いが始まろうとしている時のアルジュナの狼狽ぶりと情けない様子は、第1章の次の2句を読めば、その状態が分かる。

> ああ、われらは何という大罪を犯そうとしていることか！王国

の光栄と繁栄を渇望するあまり、まさに同族の者を殺害しようとしている。(1-45)

अहो बत महत्पापं कर्तुं व्यवसिता वयम् ।
アホー・バタ・マハッパーパム・カルトゥム・ヴィヤヴァシター・ヴァヤム
यद्राज्यसुखलोभेन हन्तुं स्वजनमुद्यताः ॥ १-४५॥
ヤドゥラージャスカローベーナ・ハントゥム・スワジャナムドゥヤターハ

(註) अहो ああ！、बत 何という、महत्पापं 大罪、कर्तुं 〜する、व्यवसिता 〜しようと決める、वयम् われわれは、यद् 〜ところの、राज्यसुख 王国の栄光、繁栄、लोभेन 渇望、हन्तुं 殺害、स्वजनम् 同族の者、उद्यताः 〜しようとする、

戦場にいるアルジュナは、このように言うと、弓も矢もその場に投げ捨て、悲しみに打ちひしがれて戦車の床にへなへなと座り込んだ。(1-47)

एवमुक्त्वाऽर्जुनः संख्ये रथोपस्थ उपाविशत् ।
エーヴァムクタヴァールジュナハ・サンキエー・ストーパスタ・ウパーヴェーシャット
विसृज्य सशरं चापं शोकसंविग्नमानसः ॥ १-४७॥
ヴィスリジャ・サシャラム・チャーパム・ショーカサムヴィグナマーナサハ

(註) एवम् このように、उक्त्वा 言うと、अर्जुनः アルジュナは、संख्ये 戦場で、रथ 戦車、उपस्थ 座席、उपाविशत् 座り込む、विसृज्य 投げ捨てる、सशरम् 矢と共に、चापम् 弓、शोक 悲しみ、संविग्न 後ずさりする、मानसः 心、

25

d．クリシュナの登場

　アルジュナの陣営で、御者でもあるクリシュナ（कृष्ण）は、ヴィシュヌ神（विष्णु）の化身とされる。このスワダルマ（本務 स्वधर्म）を忘れモーハ（混乱と妄想 मोह）に陥ったアルジュナに諭す。「戦いから逃げるべきか？」という恐怖と戦慄から神経質になった精神・肉体両面のアルジュナにとっての兆候は、人生で直面する、まさに、「われわれ万人にとっての危機」でもある。そして、この真理からはほど遠い「ヴィヨーガ」、つまり妄想・迷い・混乱からの脱却「ヨーガへの道」こそバガヴァッド・ギーターのテーマとなる。読者は、全１８章の目次すべてに「〜ヨーガ（योग）」とあるのを発見することになる。クリシュナは、アルジュナに語りかける。

　お前は（さも、ものごとが分かって）賢そうなことを話しているが、悲しむ価値のないことを嘆いている。真理に気づいた賢者なら、生者にも死者にも嘆いたりはしないものだ。

（２−１１）

अशोच्यान्वशोचस्त्वं प्रज्ञावादांश्च भाषसे ।
アショーチャヤーナンヴ　アショーチャスットヴ　アム・プラギャーヴ　ァーダ　ーンシュチャ・バ　ーシャセー
गतासूनगतासूंश्च नानुशोचन्ति पण्डिताः ॥ २ - ११॥
ガ　タースーナガ　タースーンシュチャ・ナーヌショーチャンティ・パ　ンディ　ターハ

（註）एवम्　このように、अशोच्यान्　嘆くべきではない者、अन्वशोचः　嘆いている、त्वम्　お前は、प्रज्ञावादान्　まるで賢者のように、च　〜も、भाषसे　お前は言う、गतासन्　死者、अगतासून्　生者、न　しない、

अनुशोचन्ति 嘆く、पण्डिताः 賢者、

e．ギーターはどこで始まり、どこで終わるのか？

「賢者の様に、さも、分かったような口をきくが‥」とは、真理からの乖離・ずれのあることであり、この**ヴィヨーガ**が各章ごとに**ヨーガ**として真理に近づけられる。そして、遂にその時が到来し、第１８章６６の詩句でアルジュナは、すべてから解放されモークシャ（मोक्ष）へと到達する。ギーターは、（２－１１）で始まり（１８－６６）で終わる、とよく言われる。

ダルマ、アダルマすべての行為を捨て私のもとへ来なさい。
私は、すべてのことがらから、あなたを自由にして、（そこに）
もはや嘆き・悲しみはない。（１８－６６）

सर्वधर्मान्परित्यज्य मामेकं शरणं व्रज ।
サルヴァダルマーンパリットヤジャ・マーメーカム・シャラナム・ヴラジャ
अहम् त्वा सर्वपापेभ्यो मोक्षयिष्यामि मा शुचः ॥ १८-६६॥
アハム・トゥヴァー・サルヴァパーペービョー・モークシャイシャーミ・マー・シュチヒ

（註）सर्वधर्मान् すべてのダルマ、परित्यज्य 捨てて、माम् 私のもとへ、एकम् だけ、शरणं 安らぎの場所、व्रज 安らげ、अहम् 私、त्वा 汝を、सर्वपापेभ्यः すべての過ちから、मोक्षयिष्यामि 解放する、मा 決して〜しない、शुचः 悲しむ、

f．ギーターの目次

　「瑜伽（ヨーガ）の語は本編の骨子」と喝破された高楠順次郎博士であるが、目次では、例えば第1章は「アルジュナ王子悲観の品」、第2章は「理論品」、第3章は「行作品」などと訳されている。品（ほん、ぼん）とは、章（chapter）という意味である。読者、特に若い世代の人には、アルジュナがクリシュナから「賢者のような口をきくが・・」と言われたヨーガ（サーンキャ、真の知識）からどのくらい隔たっているか（ヴィヨーガ）は、品（ほん）、つまり、章（chapter）の訳では分かりにくい。他の翻訳を見ても、目次は、まちまちの訳になっていて、ヨーガと付いた訳は殆ど見あたらない。目次は、その本の全体を見渡す際に最も重要なものなので、ギーターにおいては、原文のアルジュナヴィシャーダ・ヨーガ（अर्जुनविषादयोग）、サーンキャ・ヨーガ（सांख्ययोग）等の末尾の「〜ヨーガ」の語を無視しては成り立たないのである。そのため、次々頁に目次全体の筆者訳を掲げる。賢者のような口をきいたアルジュナがいかにヴィヨーガの状態であったかを各章の詩句でヨーガ、つまりサーンキャ、即ちサンミャク・キャーティヒ（संम्यक् ख्यातिः 真の知識、真理）に近づけられるのか、この理解なくしてギーターを読んでも真意は把握できない。

　ギーターでは、至高神としてのプルシャとかブラフマンと言ったニルグナ・ブラフマンから、ヴィシュヌ神やシヴァ神といった人格神（サグナ・ブラフマン）へと姿を変え、従来のドゥヴィジャ（上位3カースト）のためのモークシャは、**ヨーガ**という大きな流れへと変貌する。

そして、ギーターが「無私の行動」として結果を求めない「カルマヨーガ」や、ヴァルナの枠を超えた「バクティヨーガ」の流れへと変貌を遂げるように、ブッダの卓越したダルシャナは、6つのダルシャナに大きなインパクトを与えると共に、「**ニルヴァーナ（寂滅）**」、即ち、**ヨーガ**と全く同意、または、「**悟り**」という万人に開かれた「世界の宗教としての仏教」へと大きく発展する。つまり、「シャンカラは、ドゥヴジャ द्विज twice-born)に対してのみ語った」とマドレーヌ・ビアルドー（Madeleine Biardeau、以下、MBと略記）が言ったが、祭祀の知識と執行（供犠）の両方を独占していたバラモンは、「人間に救いの道を示すことのできる真の宗教に全く無知だった（A・ヴィディヤランカール先生）」のである。この意味で、ブッダのダルシャナは、万人を救いの道へと導く画期的なものであった。
　そのため、ギーターでは第１１章で従来のニルグナ・ブラフマンから、人格神を登場させ、続く第１２章で人格神への献身を呼びかけた。これは、明らかにブッディズムを意識してのことである。

ギーターの目次（筆者訳）

	原文目次	筆者訳
1	अर्जुनविषादयोग	アルジュナの嘆きとヨーガ
2	सांख्ययोग	ギャーナヨーガ
3	कर्मयोग	カルマヨーガ
4	ज्ञानकर्मसंन्यासयोग	行為者のいない行為とヨーガ
5	कर्मसंन्यासयोग	無私の行為とヨーガ
6	ध्यानयोग	ディヤーナヨーガ
7	ज्ञानविज्ञानयोग	知識・洞察とヨーガ
8	अक्षरब्रह्मयोग	不滅のブラフマンとヨーガ
9	राजविद्याराजगुह्ययोग	隠れた最高の知識とヨーガ
10	विभूतियोग	至高の力とヨーガ
11	विश्वरूपदर्शनयोग	人格神の誕生とヨーガ
12	भक्तियोग	バクティヨーガ
13	क्षेत्रक्षेत्रज्ञविभागयोग	プルシャ・プラクリティとヨーガ
14	गुणत्रयविभागयोग	3つのグナの識別とヨーガ
15	पुरुषोत्तमयोग	プルシャ・ウッタマとヨーガ
16	दैवासुरसंपद्विभागयोग	神とアスラの対比とヨーガ
17	श्रद्धात्रयविभागयोग	3つのグナに基づく信念とヨーガ
18	मोक्षसंन्यासयोग	モークシャとヨーガ

g．ギーターにおけるバクティ

　前述した、「マハーバーラタ」のスワルガローハナ・パルヴァ（स्वर्गरोहन पर्व）の詩句２０３、

　　マハーバーラタを聴く者や、他の人に読み聴かせる者は、あらゆる罪から解放されて、遂にはヴィシュヌ神の元へと行けるであろう。（２０３）

は、読み聞かせる者としては、バラモンなど知識層を意味していると思われるが、一方で、詩句８９、

　　マハーバーラタを、毎日聴き、その効用を人に伝えよ。マハーバーラタが家にあるだけで、ジャヤ（勝利）という名で知られるすべての経典を手にすることも同然である。（８９）

は、ヴィシュヌ神へのバクティを意味していて、ドゥヴィジャ以外のシュードラや女性に対して、この２句を「マハーバーラタ」や「ギーター」の第１１章、第１２章で示し、いわばブッディズムに対抗できるものとしたように思われる。

h．４つのヴァルナ（वर्ण）

　ひとりひとりの人間における異なった意識がどのようにして顕れるのかは、リグヴェーダの次の詩句に見られる。これが、いわゆる「４つのヴァルナ」である。

彼らが人を生贄に捧げた時、いくつの部分につくりかえたのか。
彼の口は何、両腕は何、両腿は何、両脚は何と言われたのか。
（リグヴェーダ　１０－９０－１１）

यत्पुरुषं व्यदधुः कतिधा व्यकल्पयन् ।
मुखं किमस्य कौ बाहू का ऊरू पादा उच्येते ॥ (ऋग्वेद ۱۰-९०-۱۱)

ヤットプルシャム・ヴィヤダドゥフ・カティダ―・ヴィヤカルパヤン

ムッカム・キマスヤ・カウ・バーフー・カー・ウールー・パーダー・ウッチェーテー

(註) यत् 〜するとき、पुरुषम् 人を、व्यदधुः 生贄に、कतिधा いくつに、

बाहू 両腕、व्यकलयन् 分割する、मुखम् 口、किम् 何、अस्य この、

ऊरू 両腿、पादा 両脚、उच्येते 言われた、

彼の口はブラーフマナになり、両腕はラージャンニャ（王族、クシャトリア）、両腿はヴァイシャ、両脚からシュードラが生まれた。
（リグヴェーダ　１０－９０－１２）

ब्राह्मणोऽस्य मुखमासीद् बाहू राजन्यः कृतः ।
ऊरू तदस्य यद्वैश्यः पद्भ्यां शूद्रो अजायत ॥ (ऋग्वेद ۱۰-९०-۱۲)

ブラーフマノースヤ・ムッカマーシード・バーフー・ラージャンニャハ・クリタハ

ウールー・タダスヤ・ヤドゥヴァイシュヤハ・パドゥヴィヤーム・シュードロー・

アジャーヤタ

(註) ब्राह्मणः ブラーフマナ、अस्य मुखम् 彼の口から、कृतः आसीत् 生じた、

अस्य बाहू 両腕、राजन्यः 王族、武士、ऊरू 両腿、यद् 〜तद् वैश्यः

ヴァイシャ पद्भ्यां 両脚から、शूद्रः シュードラ、अजायत 生まれた、

ここでマーナヴァダルマシャーストラ（मानवधर्मशास्त्र）、いわ

序説

ゆるマヌスムリティ मनुस्मृति ）を見てみると、この意識の順位の顕れ方がよく分かる。

　人は臍より上へいくほど清浄であると言われている。従って、スヴァヤンブー（स्वयंभू）は、口が人の最も清浄なところであると述べた。（1・92）（以下、原文は省略）

　バラモンは、ブラフマンの口から、一番最初に生まれ、ヴェーダの保持者故すべての創造物の主である。（1・93）

　さらに、意識の順位が最も高いとされるのは、何故バラモンなのか、その理由が明らかにされている。

　創造されたものの中で、最も優れたものは生命のあるものであり、その中では、理解力のある者、即ち、人間が最も優れている。人間の中ではバラモンが一番優れている。（1・96）

　人間は、動物とは異なった存在であり、その中でもダルマの具現者であるという意識を有するバラモンが最高位に置かれ、また、バラモンはブラフマンとの合一にふさわしいとされた。

　バラモンの誕生こそ、ダルマの永遠の顕現に他ならない。何故ならば、彼はダルマの履行のために生まれ、ブラフマンとの合一を果たす。（1・98）

　バラモン誕生の理由は、ダルマの宝を護るため、生きとし生ける

ものの主として、この世に現れた。(1・99)

この4つの意識の顕れ方は、アーリヤという言葉の持つ意味として、MBが「ヒンドゥイスム（L'hindouisme – Anthropologie d'une civilisation)」で分析しているので、それをここで見ておこう。

アーリヤというのは、上位の3ヴァルナであることが暗示され、ヴェーダを学ぶ義務があり、バラモンの師匠や司祭から教えを受けることが出来る。(註1)

(註1) Par implication, ne peut être *ārya* qu'un membre des trois « classes » supérieures qui ont le devoir d'étudier la Veda et de recourir aux services d'un maître et d'un prêtre brâhmane.

次に、ドゥヴィジャ（द्विज twice‐born）についてもMSに次の句がある。

バラモン、クシャトリヤ、ヴァイシャの3ヴァルナは、2度の誕生を有する者（ドゥヴィジャ द्विजातयः）である。しかし、4番目のヴァルナのシュードラは、一度のみの誕生を有する者（エーカジャーティ एकजातिः）である。5番目はない。(10—4)

シュルティ（ヴェーダ）の教示によれば、ドゥヴィジャの最初の誕生は母から、2度目は、ムンジャ草で編んだ帯を巻いた時、3度目は、シュラウタ祭式（श्रौत）における伝授の際である。

(2—169)

生みの親とヴェーダを授けてくれた者とでは、ヴェーダを与えてくれた者を父として敬うべきである。なぜならば、バラモンにとって、ヴェーダの胎内からの誕生は、この世においても、死後において永遠を保証するからである。（2—146）

タパの実践を希求するバラモンは、常にヴェーダを復誦すべきである。何故なら、ヴェーダの学習は、バラモンにとって、この世で最高のタパであるといわれているからである。（2—166）

　ムンジャ草（註2）を結ぶとは、ヴェーダを授与されバラモンとして生きる決意としてムンジャ草で編んだ紐、即ち、聖紐を腰に結ぶ行為であり、ヴェーダのジャパはバラモンにとって最高のタパとされたことが、これらの詩句から伝わってくる。

（註2）**ムンジャ草**とは、「インド全域の平野に自生するサトウキビ属の草。中国にも分布し、高さ7メートルに達する。若い穂は食用になるが、この稈（わら）でバラモンの象徴である腰条（腰にまく組ひも）やバスケット、あるいは良質の紙を作る。」（満久崇麿著『仏典の植物』より）

　ヴェーダは、マハーバーラタにおいてもシャーンティ・パルヴァのモークシャ・パルヴァにおいて、リシのカピラが次のように言っている。

　ヴェーダが最高の権威であるので、何人もそれを無視してはならぬ。ブラフマンには、2つの側面がある。ひとつは言葉（シャブ

第1部　バガヴァッドギーター入門

ダ・ブラフマ）であり、もう一つは、唯一至高の根源である。

さらに、MBによるとドゥヴィジャ（द्विज twice‐born）とは、上位3ヴァルナに限られ、バラモン、クシャトリヤ、ヴァイシャであることが暗黙の了解とされていて（parimprication）、その階層組織は、次の通りである。

ヴェーダとヴェーダが伝統にまで及ぼした影響がバラモンの地位をわれわれに示してくれている。生まれによる権利として（意識が、実際、常にそうであるかは別として）司祭や知識人としてバラモンが社会の頂点に君臨し、次いで、君主や戦士であるクシャトリヤが、次に、農民や商人であるヴァイシャが、最後にシュードラが、これら3ヴァルナに仕えるものとして定められた。（註3）

> （註3）Les mémes textes révélés er leurs prolongements dans la Tradition nous précisent la place de ces brâhmanes dans la société : prêtres et clercs par droit de naissance (sinon toujours en réalité), ils occupent le sommet de la hiérarchie sociale. Au second rang viennent les *kṣatriya*, à la fois princes et guerries, puis les *vaiśya*, agriculteurs ou commerçants ; enfin les *śūdra* sont définis comme les serviteurs des trois autres « classes » à qui ils doivent obéissance ;

ここには括弧内に「意識が、実際、常にそうであるかは別」であるという但し書きがある。これは**意識の顕れ方**であって、生まれ（ジャーティ）ではない。「マハーバーラタ」のシャーン

ティ・パルヴァのモークシャ・パルヴァでも、ブリグとバラドワージャ（いずれもリシ）の口を通して次のように語られている。（原文は、省略）

> 気質（意識の顕れ方）を色で表せば、バラモンは白、クシャトリヤは赤、ヴァイシャは黄、そして、シュードラは黒である。（５）

> 色だけで、この４つを区別しても、実際は、色は混合していることになる。（６）

> すべて人間の身体は、同じように汗をかき、大便・小便を排泄し、粘液・体液・胆汁や血を出す。そんな人間を、どうやって区別出来るのか？（８）

> 実際、ヴァルナに区別はない。この世で、ブラフマンは、最初にバラモンを創ったが、平等に創られ、役割・役柄に応じてさまざまなヴァルナに分けただけである。（１０）

しかし、仮にそうだとすると、この４番目のヴァルナであるシュードラ (शूद्र) の立ち位置は一体どこにあるのだろうか。MBは、

> バラモン社会において、アーリヤではないシュードラは第４番目のヴァルナを形づくるが、シュードラなしのバラモン社会は不完全で成り立たない。問われることは、誰かが不浄とされる仕事に携わることで、他者の浄性を保っているのではないかということであり、そうでなければ、厳格な社会的規範の祭祀に

基づく社会は一体どうなるのか？(註4)

(註4) D'ailleurs les śūdra, qui ne sont pas des *ārya*, forment la quatrième « classe » --- *varṇa* --- de la société brahmanique, sans laquelle cell-ci ne serait pas complète, ni même viable. S'est-on jamais demandé ce que serait une société fondée sur des normes de pureté rituelle très exigeantes, sans une partie d'elle-même consacrée aux tâches réputées impures et permettant aux autres de rester pures ?

と述べ、疑問を呈すると同時に、非常に重要な指摘をしている。それは、**浄・不浄の概念**で、実際、後にジャーティ（जाति 生まれ、血統）や世襲制による職業上の区別に基づいた**カースト制度**を生み、政治社会体制に組み込まれ、何千年もの間、女性やいわゆる不可触民を苦しめることになる。

なお、カースト制度については、「バガヴァッド・ギーター」第１４章で改めて説明することにする。（１５８頁参照）

i. スワダルマ（स्वधर्म）

マハーバーラタでは、「役割・役柄に応じてさまざまなヴァルナに分けただけである」、と述べたものの、各ヴァルナには、スワダルマ（स्वधर्म 本務）として、社会で果たすべき役割が割り当てられた。MSには、そのカルマンの振り分けが次のように述べられている。

バラモンに割り当てられた役割は、ヴェーダを学ぶこと、それを

他に教えること、自らと他人のために祭祀（供犠）を行うこと、ものを与えること、施しものを受け取ることである。（1―88）

クシャトリヤには、人民の守護が割り当てられ、ものを与えること、供犠をすること、ヴェーダを学ぶこと、快楽に執着しないことが求められた。（1―89）

ヴァイシャには、家畜の世話、贈りものをすること、供犠をすること、ヴェーダの学習をすること、商い、金融（金貸し）、農耕に携わることが求められた。（1―90）

シュードラには、ただ一つの役割しか、主は割り当てなかった。それは、3ヴァルナのために、ただ従順に尽くすことである。
(1―91)

以上のことから、ドゥヴィジャ（द्विज twice‐born）即ち、上位3ヴァルナの、バラモン、クシャトリヤ、ヴァイシャが主体になっていることは明らかで、必ず行うべきことが、ヤーガ（यागः 敬神）、つまり供犠をすることとヴェーダの学習が必須とされていることが分かる。

以上を**各ヴァルナに表れた意識の点から**、ここでまとめておくと、次のようになる。くれぐれも、注意してほしいのは、マハーバーラタの中で、ビーシュマの口を借りて述べられたヴァルナ（वर्ण 色）の本来の意味は「意識」である。

1．バラモン ब्राह्मण （上位3ヴァルナの1番目）

質素な生活をし、金銭、権力には興味を示さず、優れた知的能力は真理の探究に向かい、人々の幸福を願う意識にあふれている。従って、そのための祭祀に関わったので、ブラフマン（ब्रह्मन्）から派生したブラーフマナ（ब्राह्मण）の名前で呼ばれる。（本書では、通称のバラモンと表示）

2．クシャトリヤ क्षत्रिय （上位3ヴァルナの2番目）

権力志向の強い人。後述のカーマ（欲望）において、特に権力欲と名誉欲が強烈である。国を統治する君主や武士階級に属する。

3．ヴァイシャ वेश्य （上位3ヴァルナの3番目）

優れた知的能力は金銭欲に向かう。経済活動を担う商人、農民階級に属する。

4．シュードラ शूद्र

知的能力にも恵まれず、意識は深い思考へとは向かわない。身体的・肉体的レベルで生きているので、他人の指示や命令に従って動かざるを得ない。上位3ヴァルナに奉仕する。このように、ヴァルナは「異なった人々の意識の性向に基づくもの」であって後の**カースト制度**とは異なる。たが、日本の江戸時代の士農工商

と同じように「世襲的なカースト」や、ジャーティ（生まれ）による差別や世襲的な職業として理解され、社会の階層を形作る際に支配層が利用し、大きな弊害を伴うようになったことは否めない。しかし、「ひとりひとり異なった形で顕れた意識」を持って生まれた以上、どのように4つの人生の目的、ダルマ（धर्म）、アルタ（अर्थ）、カーマ（काम）、モークシャ（मोक्ष）と適合させて生きていくかが問われる。それを見ていくことにしよう。

j. 4つの人生の目的

　人間は動物とは大きく異なり、知性や理性を持った存在である。そのため、古代インドにおいて、人生に4つの目的があるとされた。そして、その目的を持つ行動こそがカルマン（कर्मन्）と呼ばれるのである。つまり、ドゥビジャ（上位3ヴァルナ）にとって人生の4つの目的とは、

1．ダルマ（धर्म）宇宙の秩序・法則、この社会の秩序、調和、義務
2．アルタ（अर्थ）物質的富の生産・獲得、繁栄のためのすべて
3．カーマ（काम）欲望・愛欲・快楽
4．モークシャ（मोक्ष）すべてのことからの自由

とされた。しかしながら、この中で、われわれにとって最も理解されていないのが3.「**カーマ（欲望)**」である。**欲望は、すべて未来に対する、まだ実現されていない強い欲求・望み**であって、欲望を持たない人間はいないことをMBは、こう述べている。

> この世に富を欲しない人間など皆無であり、権力をさらに拡大し、持てる財産を保守しようとしがみつかない王などはいない。愛欲を求めないのも人間ではない。(註1)
>
> (註1) Il n'est pas d'homme vivant en ce monde qui ne désire la richesse, pas de roi qui ne désire accroître sa puissance, pas de roi qui ne désire accroître sa puissance et assurer la sécurité de ses possessions, pas d'être humain qui ne désire un autre être humain.

つまり、われわれの行動の動機・源は、カーマ(欲望 काम)である。MSでは、このことがはっきりと述べられている。

> すべて欲望(カーマ)だけで行動するのは好ましいことではないが、この世で欲望抜きの行為はあり得ない。ヴェーダの学習も、ヴェーダに教示されている行為も欲望にひきずられてのことである。(2—2)

> たった1つの行為も、欲望なしに行われることはない。何かをしようとする時は、必ず欲望にひっぱられてのことである。(2—4)

カーマは、また、人間にとって不可欠の**愛欲**と**快楽**でもある。愛欲の追求として「カーマスートラ」があり、古典インド劇として「チャトゥルバーニー चतुर्भाणी (遊女への足蹴)」、ヘルマン・ヘッセの「シッダールタ」にも、遊女の話は出てくる。サンスクリット語を話すヴァルナとしてバラモン、王族などの他、高級娼婦が含まれることもよく知られている。

アルタは、物質的欲求、富や権力の獲得に見られる物質的な繁栄であって、これもまた必要・不可欠である。

さて、1番目のダルマは、われわれにとって理解がきわめて難しく、他のアルタとの関係はどのように理解すればいいのであろうか。MBはこう言っている。

> ダルマは他の2つのアルタやカーマに対して倫理的な要求としてあるのではない。それらと同じ、単なる目的の一つに過ぎない。さらに、他の2つの目的に本質的な性質に影響を及ぼすものではなく、外側から制約するだけである。(註2)

(註2) nouvelle occasion de prendre conscience que celui-ci ne représente pas une exigence de type moral par opposition aux deux autres buts, mais qu'il n'est lui-même qu'un des buts poursuivis, qui ne limite les autres que de l'extérieur sans les transformer intrinsèquement.

これは驚くべきことである。われわれは、ついダルマが最上位にあり他のすべてに影響を及ぼし、倫理的な要求を突き付けると考えてしまうが、そうではなく並列的に挙げられた目的の一つに過ぎない。このことは、具体的にギーターにどのように表現されているか、後ほど見ていくことになるが、MBは、その証拠として次のように述べている。

> もしも、王が自分の王座や命を失うような危険にさらされた時には、ダルマからアルタへと、さっさと移り、身を守る現実的な対応をすること以外は一切考えない。(註3)

(註3) Si le roi est en danger de perdre son trône ou même sa vie, on retombe du dharma dans l'artha, c'est-à-dire dans des règles destinées à assurer le succès pratique, sans autre considération.

王にとって、王国を守るというアルタと、（命の危険という）自らのアルタを分けて考えることは不可能だからだ。(註4)

(註4) Il est décidément impossible de séparer l'artha du royaume ; que le　roi doit préserver, du svārtha du même roi.)

しかし、これは王がダルマを忘れたり無視しているわけではない。最初から、ダルマに外れた行動をすれば悲惨なことになることは分かっている。もし、王が自分のアルタを優先させ、王座を放棄してサンニャーシンになったりすると、王国は破滅に向かう。

しかし、MSに警告もある。

富の獲得、欲望の充足は、侵してはならぬダルマに背き、将来、人を苦しめるようなものであれば放棄すべきである。

（4—176）

さて、この世界とは、カルマンの永続する流れであり、遂にはそれを断ち切るモークシャ（मोक्ष）が希求されることに繋がる。

ここに至る道としてのヨーガには、サーンキャとヨーガ・ダルシャナのプルシャ（पुरुष）を目標としたものと、ヴェーダーンタ・ダルシャナのブラフマン（ब्रह्मन्）との合一を目標にした2つがあ

るが、ヴェーダ（वेद）が、ウパニシャッド（उपनिषद्）としてヴェーダ・アンタ（वेदान्त）となることに連動していることをMBは見ている。

そして、次の様に結論づけている。

究極の目標を「ブラフマン」という名前で呼ぶ者と「プルシャ」という名前を好む者との間に違いはほとんどない。（註5）

> （註5）Il n'y a guère de différence entre ceux qui appellent « Brahman » le terme le leur recherche et ceux qui préfèrent le nom de « Puruṣa ».

以上は、上位3ヴァルナにとっての人生の目的でありカルマンであった。では、この3ヴァルナからはずれたシュードラにとってのカルマンとモークシャは、一体どうなのであろうか。

さらに、古代インドにおいて女性の立場とアルタはいかなるもので、モークシャへの道はどのように考えられていたのだろうか。

MBは、他の文明と全く同じように、決定的に男の視点からのものだ（la civilisation est résolument vue du point de vue de l'homme.）という。さらに、

女性は、先ずは夫、次に、生まれた子どもの母親としても男性に依存するものとして描かれている。（註6）

> （註6）la femme soit décrite avant tout, dans son rapport à l'homme dont elle dépend, principalement à son mari, et secondairement comme mère：

のはまさに驚くべきことだと言う。しかも、女性の務めは、第一に「愛」（a l'amour pour premier devoir）、「スワダルマ（स्वधर्म）は、カーマ（काम）」（le kāma apparaissait comme le svadharma des femme.）とされた。

　シュードラのカルマンは、アーリヤたるドゥヴィジャに仕えることであった。彼らにアルタとしての最終目的、モークシャの道はないのであろうか。しかし、決定的に男の視点からの女性の地位、あらゆる階層の人にも人生の最終目標のモークシャへの道は開かれる。それは、後に、ヨーガやバクティを通じて可能になり、男性に依存する女性といった考え方やヴァルナは次第に薄められることになる。

k．4つの人生の過ごし方

　ヴェーダの時代における人生の過ごし方（Vedic Aryan's Life）は、アーリヤ、つまり、上位3ヴァルナが想定されていた。MBは、次のように述べている。

> シャンカラは、「ドゥヴィジャ द्विज (twice-born)」に対してのみ語った。仮に、彼が「自己の束縛から自由になりたいと望み、祭祀を捨ててサンニャーシンとして生きよ」と教えたにしても、サンニャーサという概念は、上位3ヴァルナ、つまり、ヴェーダに基づくバラモン的儀礼に携わる者たちに対してのみ意味を持つものである。（註1）

（註1）Un Śaṅkara ne s'adresse jamais qu'aux « deux-fois-nés » et, s'il enseigne de rejeter les rites et d'adopter la vie de *sannyāsin* ··· « renonçant » ··· pour atteindre la délivrance, sa onception même du *sannyāsa* n'a de sens que dans le cadre des varṅa supérieurs, qui ont part à la Révélation védique et à la pratique brahmanique.)

　つまり、極言すれば、ドゥヴィジャとは、バラモンのみを意味しているとも考えられ、この人生４つの生き方もバラモンに特定して考えた方がよい。それは、バラモンが、自分のためだけでなく、王や武士階級のためにも供犠を行い、その知識を独占していたからである。

　こうして明確に体系化されたアーシュラマ（人生の４つの段階 आश्रम）が、次の４つである。

　１．ブラフマチャルヤ（学生期 ब्रह्मचार्य）
　２．グリハスタ（家住期 गृहस्थ）
　３．ヴァーナプラスタ（林住期 वानप्रस्थ）
　４．サンニャーサ（遊行期 सन्न्यास）

　そこでのスワダルマについては、カウティリーヤの「アルタ・シャーストラ」（कौटिलीय अर्थशास्त्र 以下、ASH と略記）にも次のように述べられていることから、はっきりとアーリヤ（上位３ヴァルナ）が対象と考えられる。

> 学生期の人の本務は、ヴェーダの学習、火の祭式、清浄式、托鉢のみの生活、師匠に生涯仕えること、師がいない時は師の息子、あるいは同学の年長者に仕えるべきことである。

（1・3・10）（以下、原文は省略）

家住期の人の本務は、生計を立て、同じヴァルナに属す異なるリシと結婚すること、身体を水で清め妻に接触すること、神と祖霊と来客、雇い人に布施をし、供物のお下がりを戴くことである。（1・3・9）

林住期の人の本務は、清浄な生活をすること、太地に寝ること、髪を編み鹿皮を着用すること、火の供犠（アグニホートラ）と清浄式を行い、神と祖霊と来客を敬うこと、森に産するものだけを食すること。（1・3・11）

遊行期の人の本務は、感官の完全な制御、世俗的生活を避けること、金銭を所有しないこと、社会との関わりを持たぬこと、托鉢のみの生活、森に住むこと、内・外とも清浄であること。
（1・3・12）

人生を100年と考えて4等分すると25年ずつになるが、アルタのうち純潔（chastity）を守りヴェーダを学ぶ学生期、結婚して子どもをもうけ家長として社会生活を送る家住期、家と家族から離れて森で過ごす段階の林住期、最後に出家遊行期がある。

I．3つの用語について ～ ブラーフマナ、バラモン、ブラフマン

ここで、もう一度、次の3つの言葉を識別して理解しておきた

い。ブラーフマナとバラモンは、ブラフマン（ब्रह्मन्）から派生した言葉であって、サンスクリット語とカタカナの記載に若干の違いがある。

1．**ブラーフマナ**（ब्राह्मणम् ブラーフマナム　中性名詞）

　カタカナで表記された「ブラーフマナ」は、中性名詞として用いられている。ヴェーダの供犠の際の賛歌に関する詳細な規則が記載されたもので、リグヴェーダ、サーマヴェーダ、ヤジュルヴェーダ、アタルヴァヴェーダの４ヴェーダのすべてにブラーフマナがある。

2．**バラモン**（ब्राह्मणः ブラーフマナハ　男性名詞）

　男性名詞として使われた「ブラーフマナハ ब्राह्मणः」が婆羅門（バラモン）と音写されたため、サンスクリット語とは大きく異なる。４つのヴァルナで説明した最上位のヴァルナのことで、供犠を執り行う聖職者で司祭階級である。
　本書では、混乱を避けるため従来通りバラモンと表記している。

3．**ブラフマン**（ब्रह्मन् ブラフマン　中性名詞）

　ヴェーダーンタ・ダルシャナで用いられた言葉。「ブラフマスートラ」の最初に次の句がある。

この世界の根源は、これである。(1-1-2)

जन्माद्यस्य यतः ।

(註) जन्मः - आदि 根源など、अस्य この、यतः 〜であるところの、

　ブラフマンという言葉は出てこないが、ここに定義が示されている。すべてのものの、1つの根源を意味する。全知（omniscient）、全能（omnipoent）のことで、第2部の「ブラフマスートラ」で詳しく取りあげる。

「ブラフマン」という言葉は原形であって、通常、主格の「ブラフマ」と書くことになっているが、本書では通称名のブラフマンで表記することにする。

同様に、アートマン（आत्मन् アートマン 男性名詞）も、主格の、「アートマー」と書くべきであるが、アートマンと表記する。

バガヴァッドギーター

第1章　アルジュナの嘆きとヨーガ

　戦場となったクルクシェートラの地に両家が相対峙し、ドリタラーシュトラの百王子側には、大叔父のビーシュマ、武術の師ドローナ、クンティーのパーンドゥ結婚前の子でアルジュナの実の兄などと運命のいたずらで戦わねばならなくなる。これから始まろうとしている戦いの時のアルジュナの狼狽ぶりが第1章で描かれ、そのアルジュナの震えおののく姿が浮き彫りになる。

　アルジュナは、その場に思わず立ちつくした。両軍の中に、父や祖父達、師や（母方の）叔父、兄弟、息子達、孫達、義父や僚友達がいるのを見て。（1－26）

　手足は震え身体中が震えおののき、髪の毛は逆立ち、口はカラカラに乾いた。（1－29）

तत्रापश्यत्स्थितात् पार्थः पितॄनथ पितामहान् ।
タットラーパッシャッスティタート・パールタハ・ピトゥリナタ・ピターマハーン
आचार्यान्मातुलान्भातृन्पुत्रान्पौत्रान्सखींस्तथा ॥ १ - २६॥
アーチャールヤーンマートゥラーンバートゥリンプットラーンパウトゥラーンサキーンスタター

（註）तत्र　その場に、अपश्यत्　見た、स्थितान्　立ちつくした、पार्थः　アルジュナ、पितॄन्　父達、अर्थ　そして、पितामहान्　祖父達、आचार्यान्　師達、मातुलान्　母方の叔父達、भ्रातृन्　兄弟達、पुत्रान्　息子達、पौत्रान्　孫達、सखीन्　僚

友達、तथा 〜も、

सीदन्ति मम गात्राणि मुखं च परिशुष्यति ।
シーダンティ・ママ・ガートラーニ・ムッカン・チャ・パリシュシャティ
वेपथुश्च शरीरे मे रोमहर्षश्च जायते ॥ १ - २९॥
ヴェーパトゥシュチャ・シャリーレ・メー・ローマハルシャシュチャ・ジャーヤテー

> (註) सीदन्ति 座り込む、मम 私の、गात्राणि 手脚、मुखं 口、च 〜も、परिशुष्यति 乾く、वेपथुः 震える、च 〜も、शरीरे 身体中、मे 私の、रोमहर्ष 髪の毛が逆立つ、जायते 生じる、

アルジュナは、戦意を喪失し戦おうとせず戦車の椅子に崩れかかる。

第2章　ギャーナヨーガ

1．たとえ地上に、比類なく繁栄した王国を築き、神の住まう天国に君臨したとしても、この感覚の枯れ朽ちた悲しみを取り除くことは出来ません。（2－8）

न हि प्रपश्यामि ममापनुद्याद् यच्छोकम् उच्छोषणम् इन्द्रियाणाम् ।
ナ・ヒ・プラパッシャーミ・ママーパヌドゥヤード・ヤッチョーカム・ウッチョーシャナム・インドリヤーナーム
अवाप्य भूमाव् असपत्नम् ऋद्धं राज्यं सुराणाम् अपि चाधिपत्यम् ॥ २ - ८॥
アヴァーピャ・ブーマーワ・アサパットナム・ゥリッダム・ラージャム・スラーナーム・アピ・チャーディパットヤム

> (註) न हि まさに〜しない、प्रपश्यामि 認める、मम 私の、अपनुद्यात् 取り除く、यद् 〜であるところの、शोकम् 悲しみ、उच्छोषणम् 乾いた、इन्द्रियाणाम्

感覚器官、अवाप्य 達成する、भूमाव् 地上に、この世に、असप्तम् 比類なき、ऋद्धम् 繁栄した、राज्यम् 王国、सुराणाम् 神々の、天国の、अपि च 〜でさえ、आधिपत्यम् 支配、君臨、

最もらしい世迷い言を並べ立てるアルジュナ、それを見てクリシュナは笑い、語りかける。それが、前述の（2−11）の詩句である。

> お前は、（さも、ものごとが分かって）賢そうなことを話しているが、悲しむ価値のないことを嘆いている。真理に気づいた賢者なら、生者にも死者にも嘆いたりはしないものだ。
> （2−11）

アルジュナの語っているのは、この世界での出来事、つまり、姿・形のある**ヴィヤクタ**（व्यक्त）のことではないか。サーンキャ（真の知識・真理）とは姿・形のない実体、即ち、存在（exsistence）**アヴィヤクタ**（अव्यक्त）の状態のことで、ヴェーダーンタ・ダルシャナがブラフマンと呼んだものである。MBは、このアヴィヤクタの状態を、

> このアヴィヤクタ（未展開）の実体は、ブラフマンの名を与えられるものである。

（C'est cet indifférencié que l'on nommera Brahman.）

と言っている。アルジュナの、この認識の隔たり、乖離、つまりヴィヨーガからいかにヨーガへと理解を近づけるか、この気づ

第1部　バガヴァッドギーター入門

きこそバガヴァッド・ギーターの核心となる。

　戦いを前に、アルジュナにとって最大の恐怖は、死に対してであり、悲しみ、苦しみはそこから起こる。次の詩句を見てみよう。

2．かつて、君主も、きみも、私も存在したこともなく、将来存在しなくなることもない。常に存在していて、時の流れといったようなものはないのだ。（2−12）

3．肉体を纏ったアートマンは、この世においては、幼年期から青年期、老年期を過ごし、死後、他の肉体へと移る。賢者は、それに惑わされるようなことはない。（2−13）

न त्वेवाहं जातु नासं न त्वं नेमे जनाधिपाः ।
ナ・トゥヴェワ―ハム・ジャートゥ・ナーサム・ナ・トゥヴァム・ネーメー・ジャナーディパ―ハ
न चैव न भविष्यामः सर्वे वयमतः परम् ॥ २-१२ ॥
ナ・チャイヴァ・ナ・バヴィシャーマハ・サルヴェー・ヴァヤマタハ・パラム

　　（註）न तु まさにない、एव まさに、अहम् 私、जातु かつて、आसम् 存在した、त्वम् あなた、इमे これら、जनाधिपाः 君主達、न च एव まさに〜もない、न 〜しない、भविष्यामः 存在する、सर्वे すべて、वयम् わたしたち、अतः परम् ここからさらに、

देहिनोऽस्मिन् यथा देहे कौमारं यौवनं जरा ।
デーヒノースミン・ヤター・デーヘー・カウマーラム・ヤウヴァナム・ジャラー
तथा देहान्तरप्राप्तिर्धीरस्तत्र न मुह्यति ॥ २-१३ ॥
タター・デーハーンタラプラープティルディーラスタットラ・ナ・ムヒヤティ

　　（註）देहिनः アートマン、अस्मिन् この中に、यथा 〜のように、देहे 肉体に、

54

कौमारम् 幼年期、यौवनम् 青年期、जरा 老年期、तथा そのように、देह 肉体、अन्तर प्राप्ति धीरः ア他の肉体へと移る、तत्र このことに、न मुह्यति 惑わされない、

真実でないものは、必ず時間の枠の中で起こり、時の中に存在する。アルジュナの語っている、悲しむ価値のないこととは、この身体・肉体の滅びることであって、不滅の（ブラフマンと共にある）アートマンのことではない。

4. アートマンは、ある時生まれ、しばらく存在し、ある時死ぬというものではない。常に存在し永遠のものである。肉体は殺され滅びても、アートマンは永遠に死ぬことはない。（2－20）

KathUp（1－2－18）の詩句がそのまま引用されている。

5. 人が古くなった衣服を脱ぎ捨てて、新しい衣服へと着替えるように、アートマンも古びた肉体から新しい肉体へと移っていく。（2－22）

न जायते म्रियते वा कदाचिन्नायं भूत्वा भविता वा न भूयः ।
ナ・ジャーヤテー・ムリヤテー・ヴァー・カダーチンナーヤム・ブートヴァー・ヴァー・ナ・ブーヤハ
अजो नित्यः शाश्वतोऽयं पुराणो न हन्यते हन्यमने शरीरे ॥ २ - २० ॥
アジョーニティヤハ・シャーシュヴァトーヤム・プラーノー・ナ・ハンニャテー・ハンニャマネー・シャリーレー
（註）न ～でない、जायते 生まれる、म्रियते 死ぬ、वा ～も、कदाचित् 常に、अयम् この、भूत्वा 存在し、भविता 存在し続ける、वा また、न भूयः 再び、अजः 生まれない、नित्यः 永遠、शाश्वतः 永続する、पुराणः から在

る、न 〜でない、हन्यते 殺される、हन्यमने 滅びても、शरीरे 肉体、

वासांसि जीर्णानि यथा विहाय नवानि गृह्णाति नरोऽपराणि ।
ヴァアサーンシ・ジーールナーニ・ヤター・ヴィハーヤ・ナヴァーニ・グリハナーティ・ナローパラーニ
तथा शरीराणि विहाय जीर्णान्यन्यानि संयाति नवानि देही ॥ २-२२ ॥
タター・シャリーラーニ・ヴィハーヤ・ジーールナーニヤシャーニ・サンヤーティ・ナヴァーニ・デーヒー

（註）वासांसि 衣服、जीर्णानि 古くなった、यथा 〜のように、विहाय 捨てて、नवानि 新しい、गृह्णाति 手に入れる、नरः 人は、अपराणि 他の、तथा そのように、शरीराणि 肉体、विहाय 捨てて、जीर्णानि 古くなった、अन्यानि 他の、संयाति 出会う、नवानि 新しい、देही アートマン、

　誕生と共に目に見えるようになったわれわれの肉体は、死と共に姿を消す。このように肉体は往来を繰り返す。ブッダは、われわれが呼吸をしているとき、息が長く入ったり出たり、あるいは、短く入ったり出たりしている様子に気づいている存在を第3人称で表現した。呼吸をしている主体は、第1人称で表し、分けたのである。同じように、この肉体を纏った中に存在する、この観察者は別の存在である。それが、**ブラフマンと共にあるアートマン**であって、次の句で示されるように、不変・不滅の存在である。

6. アートマンは、壊れることも、燃え尽きてしまうこともない。また、溶けてしまうことも、干からびてしまうこともない。永遠で、すべてに鎮座し、不変で不動の存在である。（2−24）

अच्छेद्योऽयमरदाह्योऽयमक्लेद्योऽशोष्य एव च ।
アッチェードゥヨー・ヤマラダーヒョーヤマクレードゥヨーショーシャヤ・エーヴァ・チャ

バガヴァッドギーター

नित्यः सर्वगतः स्थाणुरचलोऽयं सनातनः ॥ २ - २४ ॥
ニッティヤハ・サルヴァガタハ・スターヌラチャローヤム・サナータナハ

 （註）अच्छेद्यः 突いて壊れることがない、अयम् これ、अदाह्यः 燃えることがない、अक्लेद्यः 水に溶けることがない、अशोष्यः 乾き干からびることがない、एव च さらに～も、नित्यः 永遠の、सर्वगतः すべてに存在する、स्थाणु 不変の、अचलः 不動の、सनातनः 永遠の、元から在る、

このように、アートマンは、すべての生きものにある永遠の根源的存在である。

7. 生まれた者は、必ず死を迎え、死んだ者は、再び生まれる。必然で、（この肉体に関して）不可避の結果を嘆くべきではない。（2－27）

जातस्य हि ध्रुवो मृत्युर्ध्रुवं जन्म मृतस्य च ।
ジャータスヤ・ヒ・ドゥルヴォー・ムリッテュルドゥルヴァム・ジャンマ・ムリタスヤ・チャ
तस्मादपरिहार्येऽर्थे न त्वं शोचितुमर्हसि ॥ २ - २७ ॥
タスマーダ パリハールイェルテー・ナ・ットヴァム・ショーチトゥマルハシ

 （註）जातस्य 生まれた者の、हि まさに、ध्रुवः 確実に、मृत्युः 死、ध्रुवम् 確実、जन्म 生まれた者、मृतस्य 死んだ者、च ～も、तस्मात् 従って、अपरिहार्ये 不可避の、अर्थे 必然の結果、न ～でない、त्वम् お前、शोचितुम् 悲しみ嘆く、अर्हसि ～すべきでない、

ヴィヤクタ（目に見える状態）であるこの身体・肉体とは、一体何か？

57

8. おお、バラタの子孫よ。すべての生き物は、生まれる前に肉体はなかった。また、死後に肉体はなくなる。誕生と死の間にだけ肉体は現れるのだ。この事実に何を嘆く必要があるのか。
(2-28)

अव्यक्तादीनि भूतानि व्यक्तमध्यानि भारत ।
アヴィヤクターディーニ・ブーターニ・ヴィヤクタマディヤーニ・バーラタ
अव्यक्तनिधनान्येव तत्र का परिदेवना ॥ २-२८ ॥
アヴィヤクタニダナーンイェーヴァ・タットラ・カー・パリデーヴァナー

(註) अव्यक्त 未顕現、आदीनि 原初、भूतानि 生き物、व्यक्तमध्यानि 間に顕現する、भारत おお、バラタの子孫よ、निधनानि 死、एव 再び、तत्र そこに、का 何を、परिदेवना 嘆く、

嘆く価値のないことに、お前は苦悩している。アーリヤであり、ドゥヴィジャのお前は凡人なのか？

9. アートマンの実体は深遠で、偉大な人なら驚嘆して目を見張る。また、別の偉大な人は驚きをもって語る。しかしながら、おおかたの人は驚きをもって聴きはするが、聴いても分からない。
(2-29)

आश्चर्यवत्पश्यति कश्चिदेनमाश्चर्यवद्वदति तथैव चान्यः ।
アーシュチャルヤヴァッパッシャティ・カシュチデーナマーシュチャルヤヴァッドヴァダティ・タタイヴァ・チャーンニャハ
आश्चर्यवच्चैनमन्यः शृणोति श्रुत्वाप्येनं वेद न चैव कश्चित् ॥ २-२९ ॥
アーシュチャルヤヴァッチャイナマンヤハ・シュリノーティ・シュルットヴァーピエナム・ヴェーダ・ナ・

バガヴァッドギーター

チャイヴァ・カシュチット

(註) आश्चर्यवत् 驚くべき、पश्यति 見る、कश्चिद् ある者は、एनम् これ、आश्चर्यवत् 驚嘆の、वदति 言う、तथा まさに、एव च さらに、अन्यः 他の者、च そして、एनम् この、शृणोति 聴く、श्रुत्वा 聴いて、अपि さらにまた、वेद 知る、न च 分からない、एव 全く、कश्चिद् 誰も、

　おおかたの人は、思考でもってものごとを理解しようとする。お前は、おおかたの人ではあるまい。心静かになれば、真理を理解出来るはずだ。

10. おお、バラタの子孫よ。すべての者に鎮座するアートマンは、永遠に滅びない。それ故、（戦う者同士）すべての者達の肉体の死を悲しむな。（2−30）

11. 肉体に住まうアートマンは、永遠の存在である。滅びるのは肉体であって、比類なき存在のアートマンではない。故に、戦え。バラタの子孫よ。（2−18）

देही नित्यमवध्योऽयं देहे सर्वस्य भारत ।
デーヒー・ニッティヤマヴァドゥヨーヤム・デーヘー・サルヴァスヤ・バーラタ
तस्मात्सर्वाणि भूतानि न त्वं शोचितुमर्हसि ॥ २-३० ॥
タスマーッサルヴァーニ・ブーターニ・ナ・ットヴァム・ショーチトゥマルハシ

(註) देही アートマン、नित्यम् 永遠、अवध्यः 不可侵、अयम् この、देहे 肉体の中の、सर्वस्य すべての者の、भारत バラタの子孫よ、तस्मात् 従って、सर्वाणि भूतानि すべての者達の、न 〜でない、त्वम् お前は、शोचितुम् 悲しみ嘆く、अर्हसि 〜すべきでない、

59

अन्तवन्त इमे देहा नित्यस्योक्ताः शरीरिणः ।
アンタヴァンタ・イメー・デーハー・ニッティヤスヨークターハ・シャリーリナハ
अनाशिनोऽप्रमेयस्य तस्माद्युध्यस्व भारत ॥ २ - १८ ॥
アナーシノープラメーヤスヤ・タスマードゥユドゥヤスヴァ・バーラタ

(註) अन्तवन्तः 永続的でない、इमे これら、देहाः 肉体、नित्यस्य 永続の、उक्ताः ～と言われる、शरीरिणः アートマンの、अनाशिनः 破壊できない、अप्रमेयस्य 計り知れない、तस्मात् 故に、युध्यस्व 戦え、भारत バラタの子孫よ、

　クリシュナは、アルジュナにドゥヴィジャであるクシャトリヤとしての本務を想い出し、それを果たせ、と語りかけた。「戦え！」というのは戦いを奨励しているわけではない。人生に直面する様々な出来事から、われわれは逃げるべきではないのである。

　かくして、クルクシェートラでの両家の戦いは幕が切って落とされる。ここで、マハーバーラタのあらすじの続きはどうなったのであろうか？

　五王子のパーンダヴァ家と百王子のカウラヴァ家共通の大叔父のビーシュマ、同じく両家共通の武術の師ドローナは、運命のいたずらから不本意ながらカウラヴァ家側につきパーンダヴァ家と相対することになる。激しい戦いになり、百王子側の総司令官のビーシュマは１０日後に倒れ、後を継いだドローナも、相次いで五王子側に破れる。最後に残った百王子側のドゥルヨーダナもビーマに倒され、かくして五王子パーンダヴァ家の勝利に終わったかに見えたが、ドローナの息子の夜襲に遭い難を逃れた五王子を除いて全滅する。苦い勝利の後、ユディシュティラたち五王子は、

再びハスティナープラを再建する。五王子側に保護されていたカウラヴァ家の盲目の王ドリタラーシュトラと妻のガーンダリは、クンティーと共に森へと隠遁する。クリシュナも、やがて世を去り、五王子たちも指導者を失った。やがて、ユディシュティラ五王子は、妻のドウラパディーを伴ってヒマラヤへと向かう。ユディシュティラ一人だけが、生きたまま天界に昇り、亡くなった人々と再会する。

　第2章では、サーンキャ、即ち、真の知識・真理がクリシュナによってアルジュナに伝えられた。それによってヨーガからの乖離、つまりヴィヨーガから再びヨーガの道へとアルジュナは歩むことが出来る。第2章の目次が、サーンキャ・ヨーガ（सांख्ययोग）となっていたのは、そのためである。即ち、ギャーナ・ヨーガ（ज्ञानयोग）のことである。さらに、クリシュナが、「戦え。バラタの子孫よ。」と言っているのは、次の第3章で語られる「カルマ・ヨーガ」へと続くからである。

　アルジュナは、アーリヤ、即ち、ドゥヴィジャ（द्विज）のクシャトリヤとしてのスワダルマ（本務 स्वधर्म）を忘れモーハ（混乱と妄想 मोह）に陥った。われわれとて同様である。各人にとってのスワダルマは、同じ一人の人間でも会社役員、祖父、父親、長男というふうに役柄（role）は刻々と変わるが、その本務を忘れてしまってはならない。そして、行動は結果にとらわれることなく本務を果たせというのが次章の中心となる「カルマ・ヨーガ」である。

１２．本務を行う権利はあるが、行為の結果については手出しは出来ない。行為の結果について、いかなる果実も期待するな。

（かと言って）何もしなくて良いと思うな。（2－47）

13. ヨーガの状態に達した人は、この世において、善・悪両方の行為から解き放たれる。故に、ヨーガに至れ！あらゆる行動での熟達こそヨーガと言われる。（2－50）

कर्मण्येवाधिकारस्ते मा फलेषु कदाचन ।
カルマンニェーヴァーディカーラステ・マー・パレーシュ・カダーチャナ
मा कर्मफलहेतुर्भूर्मा ते सङ्गोऽस्त्वकर्मणि ॥ २-४७ ॥
マー・カルマパラヘートゥブールマー・テー・サンゴースットヴァカルマニ

（註）कर्मणि 行動において、एव ～のみ、अधिकारः 及ぶ範囲、ते お前の、मा 決してない、फलेषु 結果について、कदाचन いかなる時も、मा 決してない、कर्मफल हेतुः 果実に対する期待の要因、भूः ～であるべき、मा 決してない、सङ्गः 執着、अस्तु ～であるべき、अकर्मणि 何もしない、

बुद्धियुक्तो जहातीह उभे सुकृतदुष्कृते ।
ブッディユクトー・ジャハーティーハ・ウベ・スクリタドゥシュクリテー
तस्माद् योगाय युज्यस्व योगः कर्मसु कौशलम् ॥ २-५० ॥
タスマード・ヨーガーヤ・ユッジャスヴァ・ヨーガハ・カルマス・カウシャラム

（註）बुद्धियुक्तः 直観力に恵まれると、जहाति 囚われない、इह この世において、उभे 両方、सुकृत 善行、दुष्कृते 悪行、तस्मात् 故に、योगाय ヨーガに、युज्यस्व ヨーガに至れ、योगः ヨーガ、कर्मसु 行動において、कौशलम् 熟達、

ギャナーヨーガ、カルマヨーガに限らず、ヨーガの状態に達することこそが求められる。そして、次句から、ヨーガの状態に至

る最も難しい障害となる感覚器官とその向かう先、つまり欲望について語られる。

１４．アルジュナよ。感覚器官の欲求は、非常に強く激しいもので、分別のある人の心でも、掻き乱し力づくで奪い去るのだ。
（２－６０）

１５．これらの感覚器官を静めて、意識を私へとしっかり固定できた人の、叡智はもはや不動となる。（２－６１）

यततो ह्यपि कौन्तेय पुरुषस्य विपश्चितः ।
ヤタトー・ヒャピ カウンテーヤ・プルシャスヤ・ヴィパシュチタハ
इन्द्रियाणि प्रमाथीनि हरन्ति प्रसभं मनः ॥ २ - ६० ॥
インドゥリヤーニ・プラマーティーニ・ハランティ・プラサバム・マナハ

(註) यततः 欲求する者の、हि まさに、अपि ～も、कौन्तेय クンティーの息子よ、पुरुषस्य 人の、विपश्चितः 分別のある、इन्द्रियाणि 感覚器官、प्रमाथीनि 壊す、हरन्ति 奪い去る、प्रसभम् 激しい、मनः 心、

तानि सर्वाणि संयम्य युक्त आसीत मत्परः ।
ターニ・サルヴァーニ・サンヤミヤ・ユクタ・アーシータ・マッパラハ
वशे हि यस्तेन्द्रियाणि तस्य प्रज्ञा प्रतिष्ठिता ॥ २ - ६१ ॥
ヴァシェー・ヒ・ヤステンドゥリヤーニ・タスヤ・プラギャー・プラティシュティター

(註) तानि これらの、सर्वाणि すべての、संयम्य 静めて、युक्तः 心静かに、आसीत 座るべき、मत्परः 私に固定する、वशे 私に集中、हि 必ず、यस्य その者の、इन्द्रियाणि 感覚器官、तस्य 彼の、प्रज्ञा 理解、प्रतिष्ठिता 確立する、

第1部　バガヴァッドギーター入門

　5つの感覚器官、目（視覚）、耳（聴覚）、鼻（嗅覚）、舌（味覚）、皮膚（触覚）と、心（思考）は、目が覚めると同時に働き出す。そして、年齢に関係なく、特に、食欲と性欲（性欲とは、磁石のように、正反対のものに強く惹かれ合う性質のことで、必ずしも、セックスのことではない）は、分別のある人の心でもかき乱す。したがって、昔から、修行の場は、日常生活の場とは結界を設け、人里離れた深山や洞窟の中で行われた。また、感覚器官を静めるには、どうしたらよいかを、ヨーガをはじめ、修験、禅など修道者すべてが考えてきた。感覚器官が静まり、「心」が動かなくなった人こそ「意識を私へとしっかり固定できた人」である。それをどのようにすれば達成できるかは、第17章の14・15・16の詩句で「3つのタパ」の実践として取り上げられる。（後述）それを行わなければ「意識を私へとしっかり固定すること」は、不可能である。

16．感覚器官が欲望の満足のために働いていると、やがて執着となり、さらなる欲望が湧く。それが邪魔されると怒りが生じる。（2−62）

ध्यायतो विषयान् पुंसः सङ्गस्तेषूपजायते ।
ディヤーヤトー・ヴィシャヤーン・プンサハ・サンガ ステーシューパジャーヤテー
सङ्गात्संजायते कामः कामात्क्रोधोऽभिजायते ॥ २-६२ ॥
サンガーッサンジャーヤテー・カーマハ・カーマーックロードービジャーヤテー

（註）ध्यायतः 〜向かって集中すると、विषयान् （欲望の）対象の場、पुंसः 人の、सङ्गः 執着、तेषु その中から、उपजायते 生まれる、सङ्गात् 執着から、संजायते 生まれる、कामः 欲望、कामात् 欲望から、क्रोधः 怒り、

अभिजायते　生まれる、

17. その怒りから妄想が生まれ、妄想から記憶が混乱し、記憶の混乱から叡智が失われる。叡智が喪失すれば、人は破滅する。（2-63）

क्रोधाबद्भवति सम्मोहः सम्मोहात्स्मृतिविभ्रमः ।
クローダーバッド バヴァティ・サンモーハハ・サンモーハーッスムリティヴィブラマハ
स्मृतिभ्रंशाद् बुद्धिनाशो बुद्धिनाशात्प्रणश्यति ॥ २-६३ ॥
スムリティブラムシャード・ブッディナーショー・ブッディナーシャープラナシュヤティ

（註）क्रोधात्　怒りから、भवति　起こる、सम्मोहः　妄想、सम्मोहात्　妄想から、स्मृति　記憶、विभ्रमः　混乱、स्मृतिभ्रंशात्　記憶の混乱から、बुद्धि　叡智、नाशः　破壊、बुद्धिनाशात्　叡智の喪失から、प्रणश्यति　破滅する、

　欲望（カーマ काम）自体は、ドゥビジャ（द्विज）にとっても人生の目的として否定されるものではなかった。しかし、享楽や快楽に溺れると、それは執着・愛着になり、強い情念が常に満たされないと怒りが生じる。また、多くの欲望は、他の人の欲望ともオーヴァーラップしている。障害がなく願い通りにことが運んでいれば、怒りは生じない。どちらも強いエネルギーの欲望と怒りとは表裏の関係にある。執着は人を盲目にし、怒りによる妄想・意識の混乱から記憶の喪失に至る。正しい判断が不可能になり、やがてその人の叡智、つまり、真理を理解する能力は失われ破滅する。

第1部　バガヴァッドギーター入門

１８．心静かな状態に置かれた感覚器官は、享楽、好き嫌いに偏らない感覚器官の喜びを満喫し、平和で至福の状態に達する。（２－６４）

रागद्वेषवियुक्तैस्तु विषयानिन्द्रियैश्चरन् ।
ラーガドゥヴェーシャヴィユクタイストゥ・ヴィシャヤーニンドゥリヤイシュチャラン
आत्मवश्यैर्विधेयात्मा प्रसादमधिगच्छते ॥ २ - ६४ ॥
アートマヴァシャイルヴィデーヤートマー・プラサーダマディガッチャテー

（註）राग 欲望、द्वेष 嫌悪、憎しみ、वियुक्तः とらわれない、तु しかし、विषयान् 対象の場、इन्द्रियैः 感覚器官によって、चरन् そこへと動く、आत्मवश्यैः 心静かな状態になることによって、विधेयात्मा ～へと向かう者の、प्रसादम् 平和、अधिगच्छते 達する、

１９．亀が手足を甲羅の中に引っ込めるように、自然に感覚器官をコントロール出来る人は、いつも心静かな人と言える。
（２－５８）

यदा संहरते चायं कूर्मोऽङ्गानीव सर्वशः ।
ヤダー・サンハラテー・チャーヤム・クールマーンガーニーヴァ・サルヴァーシャハ
इन्द्रियाणीन्द्रियार्थेभ्यः तस्य प्रज्ञा प्रतिष्ठिता ॥ २ - ५८ ॥
インドゥリヤーニーンソリドゥリタールテービヤハ・タスヤ・プラギャー・プラティシュティター

（註）यदा ～するとき、संहरते 引っ込める、च そして、अयम् この、कूर्मः 亀、अङ्गानि 手足、इव のように、सर्वशः 完全に、इन्द्रियाणि 感覚器官、इन्द्रियार्थेभ्यः 感覚器官の対象から、तस्य 彼の、प्रज्ञा 理解、प्रतिष्ठिता 達成した、

バガヴァッドギーター

　亀は危険を感じると手足を引っ込め、危険が去ると再び手足を元に戻す。感覚器官を欲望の対象から自然にコントロールでき楽しみも満喫し、決して快楽に溺れない人は、いつも心静かに人生を楽しんでいる。

20．あちこちの河川から流れ込む水を、海はすべて悠然と受け入れている。次々と湧き起こる欲望を受け流している人は、平和を得るが、そうでない人に心の平和は望めない。
（2－70）

आपूर्यमाणमचलप्रतिष्ठं समुद्रमापः प्रविशन्ति यद्वत् ।
アープールヤマーナマチャラプ ラティシュタム・サムドゥラマーパハ・プラヴィシャンティ・ヤッドヴァット
तद्वत्कामा यं प्रविशन्ति सर्वे स शान्तिमाप्नोति न कामकामी ॥ २-७० ॥
タッドヴァットカーマー・ヤム・プラヴィシャンティ・サルヴェー・サ・シャーンティマープノーティ・ナ・カーマカーミー

(註) आपूर्यमाम् 満ちる、अचल 動かない、不動、प्रतिष्ठम् びくともしない、समुद्रम् 海、आपः 水、प्रविशन्ति 流れ込む、यद्वत् のように、तद्वत् ちょうどそのように、कामाः 欲望、यम् その者の、प्रविशन्ति 流れ込む、सर्वे あらゆる（川）、स 彼の、शान्तिम् 平和、आप्नोति 達成する、न ない、कामकामी 欲望の追求者、

　人間の欲望は決してなくならない。例え、モークシャ（मोक्ष）「すべてのことから解放されたい」というドゥビジャ（द्विज）にとっての人生の最終目的と言えども欲望には違いなかった。もし、ヨーガに至りたいという気持があったとしても、それも欲望であ

67

る。ここで言っているのは、自然に起こることは、それが起こるのを、ただ待てばいいだけ、という悠然たる気持のことである。

21. 凡人にとっての夜も、心静かな人にとっては昼間の様であり、心に基づいて（活動する）凡人にとっての昼間は、目覚めた人にとっては暗闇に等しい。（2－69）

या निशा सर्वभूतानां तस्यां जागर्ति संयमी ।
ヤー・ニシャー・サルヴァブーターナーン・タスヤーン・ジャーガルティ・サンヤミー
यस्यां जाग्रति भूतानि सा निशा पश्यतो मुनेः ॥ २ - ६९ ॥
ヤスヤーン・ジャーグラティ・ブーターニ・サー・ニシャー・パッシャトー・ムネヘ

（註）या ～である者、निशा 夜、सर्वभूतानाम् すべての人、तस्याम् この中、जागर्ति 目覚めている、संयमी 心静かな人、यस्याम् ～の中で、जाग्रति 目覚めて、भूतानि すべての人、सा この、निशा 夜、पश्यतः 見ている、मुनेः 賢者、聖者、

ここで譬えられている昼間とは、ヴィヤクタ（व्यक्त 目に見える）の世界であり、凡人は、昼間よくものごとが見える（と思って、あるいは、勘違いして）心と感覚器官に従って行動している。いわば、マーヤー（幻想・妄想）に基づいた行動の世界である。一方、夜とは、アヴィヤクタ（अव्यक्त 目に見えない）、真理の隠れているところのことで、われわれが熟眠時にプルシャ、または、ブラフマンと融合した状態である。心静かな賢者にとっては、そのことがよく理解できているが、凡人は、昼間、マーヤーに基づいて活動し、夜は惰眠をむさぼるのみである。

ヴィヤクタとアヴィヤクタは、サーンキャ・ダルシャナで見て

きたが、そもそもサーンキャとは、サンミャク・キャーティヒ（सम्यक् ख्यातिः）「最高の智慧・真理」、この第２章のテーマであったギャーナ（ज्ञान）と同意である。

　かくして、ヨーガとは何か、何故その状態になることが必要なのか、**サーンキャ**、または、**ギャーナヨーガ**が（ヴィシュヌ神であり、ヨーガの至高神でもある）クリシュナによってアルジュナのみならず、**われわれにも語られた**。それが第２章で理解できれば、ギーターは、即、第１８章６６詩句に進んで構わない。

第３章　カルマヨーガ

　第３章は、第２章でクリシュナが語った「ギャーナヨーガ」に対するアルジュナの疑問、「カルマ（कर्म action）」から始まる。アルジュナは、まだ、スワダルマとしてのカルマの意味がよく分かっていない。

1．おお、クリシュナ！あなたの言うように、最高の叡智の方が行動よりも優れているのなら、どうして身の毛のよだつような恐ろしい戦争へと私を煽り立てるのですか。（３－１）

　　　ज्यायसी चेत्कर्मणस्ते मता बुद्धिर्जनार्दन ।
　　ジャーヤシー・チェーッカルマナステー・マター・ブッディルジャナールダナ
　　　तत्किं कर्मणि घोरे मां नियोजयसि केशव ॥ ३-१ ॥
　　タッツキム・カルマニ・ゴーレー・マーン・ニヨージャヤシ・ケーシャヴァ
　　（註）ज्यायसी 優れている、चेत् もし、कर्मणः 行為よりも、ते お前の、मता

考え、बुद्धिः 叡智、जनार्दन クリシュナ、तद् それで、किम् 何故、कर्मणि 行為に(戦いに)、घोरे 恐ろしい、माम् 私に、नियोजयसि 駆り立てる、केशव クリシュナ、

　どうしてアクションは起こるのか？　人が行動せざるを得ないのは何故か？　私たちは、ここで、サーンキャ・ダルシャナに戻ることになる。

2. 人が片時も活動を止めることは不可能だ。（3つの）グナの働きがある以上、人はどうすることも出来ないのだ。
（3-5）

न हि कश्चित्क्षणमपि जातु तिष्ठत्यकर्मकृत् ।
ナ・ヒ・カシュチッツクシャナマピ・ジャートゥ・ティシュタッヤカルマクリット
कार्यते ह्यवशः कर्म सर्वः प्रकृतिजैर्गुणैः ॥ ३-५ ॥
カールヤテー・ヒヤ アシャハ・カルマ・サルヴ ァハ・プラクリティジ ャイルグ ナイヒ

　(註) न हि まさに不可能、कश्चिद् 誰も、क्षणम् 片時も、अपि 〜と言えども、जातु いかなる時も、तिष्ठति 存在する、अकर्मकृत् 何もせずに、कार्यते 行為せざるを得ない、हि まさに、अवशः 意志に反して、कर्म 行為、सर्वः 誰もが、प्रकृतिजै प्ラクリティによる、गुणैः グナによって、

3. 3つのグナからなるプラクリティが、人の行動を引き起こしているのに、それが分からず、自分こそ行為者であると人はうぬぼれている。（3-27）

प्रकृतेः क्रियमाणानि गुणैः कर्माणि सर्वशः ।

プラクリテヘ・クリヤマーナーニ・グナイヒ・カルマーニ・サルヴァシャハ

अहङ्कारविमूढात्मा कर्ताहमिति मन्यते ॥ ३-२७ ॥

アハンカーラヴィムーダートマー・カルターハミティ・マンニヤテー

(註) प्रकृतेः プラクリティの、क्रियमाणानि 行動を引き起こしている、गुणैः グナによって、कर्माणि 行為、सर्वशः 至る所、अहङ्कारविमूढात्मा エゴによって惑わされる、कर्ता 行為者、अहम् 私が、इति 〜とこのように、मन्यते 思う、

4. 賢者であろうとなかろうと、すべての人は3つのグナに従って行動せざるを得ない。力ずくでそれを止めようとしても無駄である。(3−33)

सदृशं चेष्टते स्वस्याः प्रकृतेर्ज्ञानवानपि ।

サドゥリシャム・チェーシュテー・スヴァスヤーハ・プラクリテールギャーナヴァーナピ

प्रकृतिं यान्ति भूतानि निग्रहः किं करिष्यति ॥ ३-३३ ॥

プラクリティム・ヤーンティ・ブーターニ・ニグラハハ・キム・カリシュヤティ

(註) सदृशं 〜によって、चेष्टते 人は行動する、स्वस्याः 自ら、प्रकृते プラクリティの、ज्ञानवान् 賢者、अपि 〜さえ、प्रकृतिम् プラクリティを、यान्ति 従う、भूतानि 生きもの、निग्रहः 制圧する、किम् 何が、करिष्यति 成し遂げる、

　ヴェーダ、ウパニシャッドを根源とするインドのダルシャナは、サーンキャからスタートする。ヴェーダーンタの「ブラフマスートラ」では、サーンキャを批判したが、ここ「ギーター」では、プラクリティの構成要素であるグナの働きを容認していることが分かる。フィーリングの流れから心と感覚器官が動き、言葉を伴った想念・思考、そして行動が生まれる。これを完全に止めるこ

とは出来ない。死が訪れるまで、人は何らかの行動を常にし続ける。同じヴェーダーンタの経典でも、ギーターはずいぶんと寛容で、プラクリティの３つのグナのバランスが崩れて展開される私たちの普段の行動の根拠をサーンキャに置いていることは、２〜４をみれば明らかだろう。

　ここで、サーンキャ・ダルシャナで説明されたグナとは何だったか、簡単に復習しておこう。

　放送局や音響関係のスタジオ調整室に備えられたスライド式ボリュームに例えた下のイラストを見てほしい。

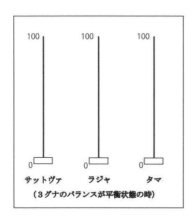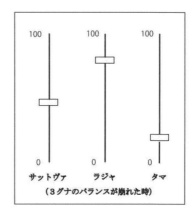

　左側の図、エネルギーであるプラクリティの３グナ、サットヴァ（सत्त्व）、ラジャ（रज）、タマ（तम）のバランスが平衡状態ならば何も起こらない。ここで、プルシャの一瞥という衝撃があると、右側の図の様に３グナのバランスが崩れてプラクリティの展開が始まる。次頁の図は、拙著『サーンキャとヨーガ』で示したムーラ・プラクリティから始まるマハット→アハンカーラ→５つの感覚器官・心・５つの行動器官、タンマートラ、マハーブータと展開した図である。

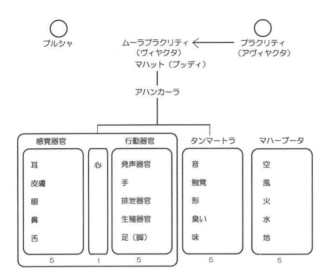

　さらに、毎朝、展開が始まって私とこの身体が誕生し、この3グナ、サットヴァ（सत्त्व）、ラジャ（रज）、タマ（तम）のバランスは、常に変化を続けるので、われわれの活動は止まない。詩句（3－5）は、そのことを言っている。しかも、詩句（3－27）のように行為者は私ではない。

5．心は感覚器官より上位にあり、心より上位にあるのがブッディである。ブッディよりも上の最高位はプルシャ、即ち、パラマートマーである。（3－42）

इन्द्रियाणि पराण्याहुरिन्द्रियेभ्यः परं मनः ।
インドゥリヤーニ・パラーンニャーフリンドゥリイェービヤハ・パラム・マナハ
मनसस्तु परा बुद्धिर्यो बुद्धेः परतस्तु सः ॥ ३-४२॥
マナサストゥ・パラー・ブッディルヨー・ブッデェヘ・パラタストゥ・サハ

第1部　バガヴァッドギーター入門

(註) इन्द्रियाणि 感覚器官、पराणि 上位、आहुः 〜と言う、इन्द्रियेभ्यः 感覚器官よりも、परम् 〜より上位、मनः 心は、मनसः 心より、तु しかし、परा 自〜より上、बुद्धिः ブッディ、यः 〜であるところのもの、बुद्धेः ブッディより、परतः より高い位置、तु しかし、सः それは、

　KathUp（1−3−11）に同じ内容の詩句があり、さらに、「サーンキャ・カーリカー」の詩句3の内容がそのまま述べられている。上掲図の様に、ブッディ → アハンカーラ → 心・感覚器官の順を、それぞれ展開の上位（より目に見えない、微細なもの）として位置づけていることが分かる。
　さて、次句以下で、その行動・カルマとは一体何か？　どのような行動があるのか、行動しないとは、どういうことなのか、また、行動しなくてもよくなる状態がやって来るのは、どうしてかなどを詳しく説明される。

6. 課された義務を為せ。のらくらしていては、身体を維持することすらも出来ず、人は行動することが大事だ。（3−8）

नियतं कुरु कर्म त्वं कर्म ज्यायो ह्यकर्मणः ।
ニヤタム・クル・カルマ・ッドヴァム・カルマ・ジャーヨー・ヒャカルマナハ
शरीरयात्रापि च ते न प्रसिद्ध्येद् अकर्मणः ॥ ३-८ ॥
シャリーラヤートラーピ・チャ・テー・ナ・プラシッデェードゥ・アカルマナハ

(註) नियतम् 課された、कुरु 行え、कर्म 行為、त्वम् お前は、कर्म 行為、ज्यायः 優れている、हि まさに、अकर्मणः 何もしない、शरीर 身体、यात्र 維持、अपि 〜すら、च そして、ते お前の、न 出来ない、प्रसिद्ध्येत् 達成すべき、अकर्मणः 行為なしには、

何故この世に人間として生をうけたのか？　すべての人には、この世界において、その**立ち位置**（position）というものがある。その立ち位置に従って課された行動・カルマが求められ、あらゆる場面で、主として次の3つが考えられる。まず、第1は、社会や家族に為すべき**課された行動や仕事（ヴィディ विधि）**がある。この為さねばならない義務としての行為は、立場の無理解（これが、まさにアルジュナであった！）は許されないし、そもそも、誰かから感謝を期待したり、ある利益を得ようとするものではない。第2は、欲望に基づく行動、利己的な行動（サカーマ सकाम）、第3に、まったく何も行動をしないこと（アカルマナ अकर्मणः inaction）がある。人生で何も行動をしないことが不可能だと分かれば、行為を放棄するという考えの方を捨てるべきである。

7.（ヴィシュヌ神への）崇敬の気持から、はずれた行為をすると、この世に縛られる。故に、アルジュナよ、課された行為は、私への献身として果実にとらわれることなく行え。（3-9）

यज्ञार्थात्कर्मणोऽन्यत्र लोकोऽयं कर्मबन्धनः ।
ヤギャールタールッカルマノーニャトラ・ローコーヤム・カルマバンドゥナハ
तदर्थं कर्म कौन्तेय मुक्तसङ्गः समाचर ॥ ३-९ ॥
タダルタム・カルマ・カウンテーヤ・ムクタサンガハ・サマーチャラ

　　（註）यज्ञ　崇敬の気持、अर्थात्　～から、कर्मणः　行為から、अन्यत्र　さもなければ、लोकः　世界、अयम्　この、कर्मबन्धनः　このような束縛、तद् अर्थम्　このため、कर्म　行為、कौन्तेय　クンティーの息子よ、मुक्तसङ्गः　とらわれることなく、समाचर　成し遂げよ、

ヤギャ（यज्ञ worship, dedication）は、「献身、奉仕、崇拝、供犠、祭祀」などと邦訳されるが、worship という語源は、古英語 weorthscipe（尊敬）とされ、wor（価値のある）＋ship（状態）であるから、そこに「敬う気持」があり、従って、**ひたむきなうちこみ、深い愛情**がある。従って、**捧げる気持**があり、単なる「供犠という儀式」を行うことではない。dedication というのも de（完全に）＋dication（宣言すること）なので、その気持、または、態度で行動することに他ならない。ここで、「ヴィシュヌ神への崇敬の気持からはずれないように」といっているのは、そういう意味である。

　より深いレベルでは、行為を行う主体、行為そのもの、行為の対象の３つが溶け合って１つになることとされる。何故なら、ヴィシュヌ神は、全知、全能、偏在する存在であり、われわれの行為すべてを、ただ、捧げる存在だからである。

　しかし、従来なされてきたいくつかのヤギャ（यज्ञ）も、社会の変化により祖父や祖母との同居もなくなり、家の宗教の有無にかかわらず仏壇のある家も少なくなって、従来、行われていた自分のルーツに対する**ピトゥリ・ヤギャ**（पितृ-यज्ञ）がなくなりつつある。父母や祖父、祖母に対する感謝の気持ちは第１に行わねばならないことである。また、自分を導いてくれた師や年長者に対するリスペクトの気持の**リシ・ヤギャ**（ऋषि-यज्ञ）も意外に少なく、その気持がないのには驚くばかりである。神に対するヤギャを云々する前に身近なところから実践しないと、この詩句の意味は理解しにくいであろう。

8. 崇敬の気持を捧げ、そのお下がりを戴く者はすべての罪から解放される。罪人は、自分の舌を喜ばせるためにだけ調理する。
(3-13)

यज्ञशिष्टाशिनः सन्तो मुच्यन्ते सर्वकिल्बिषैः ।
ヤギャシュターシナハ・サントー・ムッチャンテー・サルヴァキルビシャイヒ
भुञ्जते ते त्वघं पापा ये पचन्त्यात्मकारणात् ॥ ३ - १३ ॥
ブンジャテー・テー・トゥヴァガム・パーパー・イェー・パチャンッヤートマカーラナートゥ

(註) यज्ञशिष्ट अशिनः （供犠の）お下がりを戴く者、सन्तः 善人、मुच्यन्ते 解放される、सर्वकिल्बिषैः すべての罪、भुञ्जते 楽しむ、ते これらの、तु しかし、अघम् 不純、पापाः 罪、ये ～するところのもの、पचन्ति 調理する、आत्म कारणात् 自分のためにだけ、

　カルマヨーガとは、結果を求めずにすべての行為を行う。つまり、果実はすべて神に捧げるので、われわれは、単にそのお下がりをプラサーダとして戴くのである。プラサーダ（प्रसाद gratuity）とは、中期ラテン語 gratuitas が語源で、gratu（喜びを与える）＋ity（こと）、従って、われわれは、喜びを受け取るのである。

9. 創造主であるブラフマンは、最初に人類を創った。人々に義務を課し、私に深い愛情を捧げることによって栄え、望みを叶えると彼は言った。（3-10）

सहयज्ञाः प्रजाः सृष्ट्वा पुरोवाच प्रजापतिः ।
サハヤギャーハ・プラジャーハ・スリシュットヴァー・プローヴァーチャ・プラジャーパティヒ
अनेन प्रसविष्यध्वमेष वोऽस्त्विष्टकामधुक् ॥ ३ - १० ॥

アネーナ・プラサヴィシュヤドゥヴァメーシャ・ヴォースットヴィシュタカーマドゥック

（註）सहयज्ञाः 義務を課して、प्रजाः 人類、सृष्ट्वा 創造した、पुरा ずっと以前に、最初に、उवाच 彼は言った、प्रजापतिः 創造主、अनेन これにより、प्रसविष्यध्वम् 実を結ぶ、栄える、एषः これ、वः おまえの、अस्तु そうであれ、इष्टकामधुक् 望みを叶える、

人間として生を受けたことは、同時に義務が課されたことになる。アルジュナやわれわれは、その認識を忘れる。

10. 故に、果実にとらわれることなく常に課された義務を当然のこととして行え。無私の行為は、人を至高神のもとへと導く。（3−19）

तस्मादसक्तः सततं कार्यं कर्म समाचर ।
タスマーダ・サクタハ・サタタム・カールヤム・カルマ・サマーチャラ
असक्तो ह्याचरन्कर्म परमाप्नोति पुरुषः ॥ ३ - १९ ॥
アサクトー・ヒャーチャランカルマ・パラマープノーティ・プルシャハ

（註）तस्मात् 故に、असक्तः （果実に）とらわれずに、सततम् 常に、कार्यम् 課された義務、कर्म 為すこと、समाचर 行え、हि まさに、आचरन् とらわれずに、परम् 至高の、आप्नोति 達する、पुरुषः プルシャ、至高神

このように「無私の行為」は、当然のこととして行わなければならない。それが、第3章のテーマであり、目次で「カルマヨーガ」となっているのは、そのためであった。

バガヴァッドギーター

第4章　行為者のいない行為とヨーガ

1. 師資相承によって伝承されたカルマヨーガを気高い王たちは知っていた。しかし、長い間に失われかかっていた。（4－2）

> एवं परम्पराप्राप्तमिमं राजर्षयो विदुः ।
> エーヴァム・パラムパラープラープタミマム・ラージャルシャヨー・ヴィドゥフ
> स कालेनेह महता योगो नष्टः परंतप ॥४-२॥
> サ・カーレーネーハ・マハター・ヨーゴー・ナシュタハ・パラムタパ
>
> （註）एवम् このように、परम्परा 師資相承によって、प्राप्तम् 受け継いだ、इमम् これを、राजर्षयः 気高い王、विदुः 知っていた、सः これ、कालेन 時と共に、इह こに、महता 長い間に、योगः カルマヨーガ、नष्टः 失われた、परंतप アルジュナ、

2. 今日、私は同じ古代からのヨーガを伝えよう。お前は、敬虔な献身者であり友人だからだ。カルマヨーガは、最高の秘伝なのだ。（4－3）

> स एवायं मया तेऽद्य योगः प्रोक्तः पुरातनः ।
> サ・エーヴァーヤム・マヤー・テードゥヤ・ヨーガハ・プロークタハ・プラータナハ
> भक्तोऽसि मे सखा चेति रहस्यं ह्येतदुत्तमम् ॥४-३॥
> バクトーシ・メー・サカー・チェーティ・ラハスヤム・ヒョータドゥッタマム
>
> （註）सः एव それ、अयम् これ、मया 私によって、ते お前に、अद्य 今日、योगः カルマヨーガ、प्रोक्तः 明らかにする、पुरातनः 古代からの、भक्तः 献身者、असि お前は〜である、मे 私の、सखा 友人、च そして、इति それで、रहस्यम् 秘伝、हि まさに、एतद् この、उत्तमम् 最高の、

これは、非常に重要な詩句である。気高い王達（ラージャルシ）と言っているのは、クシャトリヤのことを指していて、彼らは古代からヨーガの道を達成してきた。それが失われかかってきたので、クリシュナがヴィシュヌ神の化身としてアルジュナに伝えようとしているのである。

　師資相承は、とても大事なことで、この師から弟子へと伝えられる連綿と続く鎖がどこかで切れてしまうと、そこで真理の伝承は途絶えてしまう。しかし、師と弟子の関係は、**信頼**であって信仰ではない。ましてや、ファンとかではない。

3. アルジュナよ。ダルマが崩れ、アダルマが優勢になると、その時はいつも、私自身が姿を顕わす。（4－7）

　　यदा यदा हि धर्मस्य ग्लानिर्भवति भारत ।
　　ヤダー・ヤダー・ヒ・ダルマスヤ・グラーニルバヴァティ・バーラタ
　　अभ्युत्थानमधर्मस्य तदात्मानं सृजाम्यहम् ॥ ४-७ ॥
　　アビュッターナマダルマスヤ・タダートマーナム・スリジャーミャハム

　　（註）यदा यदा ～の時はいつでも、हि まさに、धर्मस्य ダルマの、ग्लानिः 崩れ、भवति ～になる、भारत アルジュナよ、अभ्युत्थानम् 表に顕れる、अधर्मस्य アダルマの、तदा その時、आत्मानम् 私自身、सृजामि 顕れる、अहम् 私、

4. ダルマを維持しようとする高潔な人を護り、壊そうとする悪意のある人を滅ぼすため、いつの時代でも私は降臨してきた。
　　　　　　　　　　　　　　　　　　　　　　（4－8）

परित्राणाय साधूनां विनाशाय च दुष्कृताम् ।
パリットラーナーヤ・サードゥーナーム・ヴィナーシャーヤ・チャ・ドゥシュクリターム
धर्मसंस्थापनार्थाय संभवामि युगे युगे ॥४-८॥
ダルマサンスターパナールターヤ・サンバヴァーミ・ユゲ・・ユゲー

(註) परित्राणाय 護る、साधूनाम् 高潔な、विनाशाय 滅ぼす、च そして、दुष्कृताम् 悪意のある、धर्म संस्थापन अर्थाय ダルマを維持するため、संभवामि 姿を顕す、降臨する、युगे युगे いつの時代でも、

　ダルマという言葉は、いろんな意味に使われ、その定義は非常に難しい。ここでは、**ある秩序が保持され、統合され、結びついて維持され、調和している状態**と考えられている。それは宇宙全体の場合もあるし、この世界における秩序全体、社会全体の秩序であって、何時の時代も、それを壊そうとする悪意ある者と守ろうとする高潔な者とのせめぎ合いが存在する。

　ダルマ（धर्म）の反対がアダルマ（अधर्म）である。アダルマは「苦しみそのもの」、逆に、サット・チット・アーナンダ（सत् - चित् - आनन्द）で知られる「至福」の状態がダルマである。

　ダルマの状態が崩れアダルマが優勢になると、われわれを助けようとしてすべてのものの根源であるブラフマンが、至高の愛の姿をとってこの世に現れる。このサグナ・ブラフマン（सगुणब्रह्मन्）を、人間の姿をとって現れたアヴァターラ（अवतार incarnation）、「化身」と呼んでいる。それが、ギーターでは、クリシュナである。一方、ブラフマンは、本来まったく属性を持たない存在なのでニルグナ・ブラフマン（निर्गुणब्रह्मन्）と呼ばれている。

5．3グナのバランスの優位性が惹き起こす各人の性向と、各人が社会で選ぼうとする役割の傾向から、私は4つのヴァルナを創った。だが、私自身は、カルマ（何かをすること）からは無縁で永遠の存在であることには変わりない。それをよく理解しなさい。（4－13）

चातुर्वर्ण्यं मया सृष्टं गुणकर्मविभागशः ।
チャートゥルヴァニャム・マヤー・スリシュタム・グナカルマヴィバーガシャハ
तस्य कर्तारमपि मां विद्ध्यकर्तारमव्ययम् ॥ ४-१३ ॥
タスヤ・カルターラマピ・マーン・ヴィッダ゛ヤカルターラマヴ゛ィヤヤム

（註）चातुर्वर्ण्यम् 4ヴァルナ、मया 私によって、सृष्टम् 創られた、गुण グナ、कर्म 行動、विभागशः 区分によって、तस्य この、कर्तारम् 創造者、अपि ～も、माम् 私を、विद्धि 理解しなさい、अकर्तारम् 行為者ではない、行為者とは無縁、अव्ययम् 永遠の存在、

　ヴァルナに対する理解を正しいものにしないと、後のカースト制度との混同が生まれる。ヴァルナ（वर्ण 色）とは、サーンキャ・ダルシャナが詳しく説明したプラクリティの構成要素である3グナのバランスの優位性に基づく各人の性向から、ブラーフマナ、クシャトリヤ、ヴァイシャ、シュードラの4ヴァルナが創られた。3グナそれぞれの特徴は、サットヴァ（सत्त्व）は、軽く光り輝く状態、ラジャ（रज）は、刺激的で興奮させ、常に動き回る状態、タマ（तम）は、重く、ものごとを覆い隠す状態と考えられている。しかし、これら3グナは固定した性質ではなく、常に変化する。従って、ある時点で、サットヴァは、何かが起こって留まった状態、ラジャは、今活動している状態、タマは、まだ次に何かが起

こるが停滞している状態である。

　次頁のイラストは、３グナの状態が各人の中でどのような割合を占めているかの模式図で、先ほどのスライド式ボリュームをイラストに用いて示した。グナの割合は刻々と変化するが**何が優位になっているか**で、それが一つのパワーとなりある機能を果たすことから、一般的にこのような性向と、各自が社会において選択する役割の傾向が見られる。それによって選択する職業の一般的傾向を現代の社会に当てはめてみても、それが当たっているかどうかは分からないが、ヴァルナの理解には役立つであろう。勿論、グナは常に変化し続けるので、各ヴァルナは、例えば、ブラーフマナであっても、朝、昼、晩とこのグナの割合は変化する。このグナの変化し続ける性質が、われわれをして行動させる要因であることは、第３章の**２〜４**で見てきたとおりである。

　なお、グナについては、第１４章で取り上げられるので、この章で詳述する。

第1部 バガヴァッドギーター入門

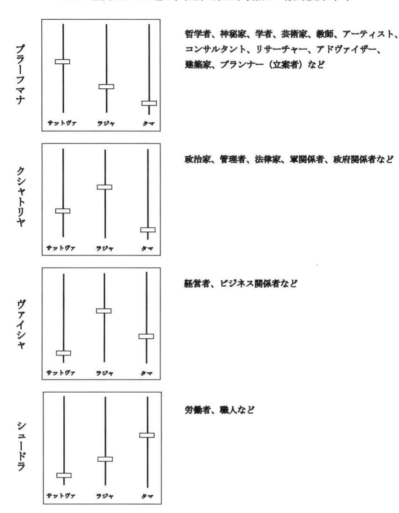

6．カルマとは何か、その理解は非常に難しい。従って、誤った行為、禁じられた行為、行為をしないことについてよく理解しなさい。（4－17）

कर्मणो ह्यपि बोद्धव्यं बोद्धव्यं च विकर्मणः ।
カルマノー・ヒヤピ・ボードゥヴァヴィヤム・ボードゥヴァヴィヤム・チャ・ヴィカルマナハ
अकर्मणश्च बोद्धव्यं गहना कर्मणो गतिः ॥ ४-१७॥
アカルマナシュチャ・ボードゥヴァヴィヤム・ガハナー・カルマノー・ガティヒ

（註）कर्मणः 行動の、हि まさに、अपि 〜も、बोद्धव्यम् 知るべき、च そして、विकर्मणः 誤った行動、禁じられた行為、अकर्मणः 行為をしないこと、गहना 理解が難しい、कर्मणः गतिः 行為の道、

　まず、カルマ（行為、行動）には、課せられた義務（スワダルマ स्वधर्म）、または本務を果たす行為がある。この中には禁じられた行為がある。それがダルマから外れた行為、ヴィカルマ（विकर्म）である。また、まったく行為をしないことがアカルマ（अकर्म）である。この詩句では、最初にそれらを理解せよ、と言っている。
　例を挙げて説明すると、例えば、われわれが道を歩くという動作は、通常の行動でカルマである。ケガをしたり、死んでしまうと歩けなくなるので行動しないアカルマとなる。次に、各自に割り当てられた役割を果たす、家庭で祖父なら祖父として、父なら父として振る舞う様に、会社で管理職ならそのように仕事をする。これは本務（スワダルマ）でやはりカルマである。しかし、時に本務にふさわしくない誤った行動や禁じられた行動が問題になることがある。社会における地位を悪用したパワハラ、セクハラなどである。これは明らかにダルマにはずれた行為でヴィカルマに

相当する。

　さらに、この時、行為の主体者があるはずで、「私が」という意識が強くはっきりとしている場合は、それを**カルター**（कर्ता doer）と言い、自分の欲望を満たし楽しむ、例えば、酒を飲む様な場合は、**ボークター**（भोक्ता enjoyer）と言っている。そこで、次に、行為をする場合に「**私という意識のない行為**とは何か？」を見てみよう。

7. 行為の中に行為者はいない、また、行為者はいなくとも行為はなされる。この真意を知る者が、まさに、ヨーギーと言われる賢者である。（4－18）

कर्मण्यकर्म यः पश्येदकर्मणि च कर्म यः ।
カルマンニャカルマ・ヤハ・パッシャエーダ カルマニ・チャ・カルマ・ヤハ
स बुद्धिमान्मनुष्येषु स युक्तः कृत्स्नकर्मकृत् ॥४-१८॥
サ・ブッディマーンマヌシェーシュ・サ・ユクタハ・クリッツスナカルマクリット

（註）कर्मणि 行為の中に、अकर्म 何もしない、यः 〜である人、पश्येत् 見るべき、अकर्मणि 行動のない中に、च そして、कर्म 行為、सः 彼、बुद्धिमान् 賢者、मनुष्येषु 人々の中で、युक्तः ヨーガの状態、कृत्स्न すべての、कर्मकृत् 行為を行う、

　自分が行為をしているという意識のない人が、**行為の中に行為者がいない**と言われる。例えば、扇風機のファンを回しているのはモーターであるが、実際には、電気エネルギーである。同じように、行為しているのは自分ではなく、何か大きな力によって動かされている意識の行為に行為者はいない。このような人を真の

賢者・カルマヨーギーと言うのである。

　カルマニ・アカルマ（कर्मणि अकर्म）とは、**常に動いているものの中に、不動で永遠不滅の存在がある**ことを、やがてギャーナ（ज्ञान）として知ることになる。

　第3章と第4章では、ギーターにおいて、「ヨーガとは何か」を知る最初の段階の「カルマヨーガ」においてどこが異なるのであろうか？　目次を見ると第4章とでは、「ギャーナ・カルマ・サンニャーサ・ヨーガ」となっている。第3章では、行為をすることが求められた。しかし、第4章では「行為者のいない行為」が求められていることが分かる。それが、ギャーナヨーガ（ज्ञानयोग）に近づく道だからである。

8. 行為者のいない行為、彼は主への献身者となっているので、
　　もはや、すべての行為はギャーナのなかに溶け込んでいる。

（4-23）

　गतसङ्गस्य मुक्तस्य ज्ञानावस्थितचेतसः ।
　ガタサンガスヤ・ムクティスヤ・ギャーナーヴァスティタチェータサハ
　यज्ञायाचरत कर्म समग्रं प्रविलीयते ॥ ४-२३ ॥
　ヤギャーヤーチャラタ・カルマ・サマグラム・プラヴィリーヤテー

　（註）गतसङ्गस्य　執着から離れた、मुक्तस्य　自由な、ज्ञान　ギャーナ、अवस्थित　確立した、चेतसः　心の、यज्ञाय　献身者として、आचरतः　～向かって動く、कर्म　献身の気持、समग्रम्　もっぱら、प्रविलीयते　溶け込む、

　すべての行為は、すべての主であるブラフマンへの奉献として行われているので、その中に溶け込んだ行為となっている。

第1部　バガヴァッドギーター入門

9. すべての行為はブラフマンに由来するので、行為の中にブラフマンを常に見ている人が、火中に投じる行為のヤギャ（奉献）とは、ブラフマンそのものである。（4－24）

ब्रह्मार्पणं ब्रह्म हविर्ब्रह्माग्नौ ब्रह्मणा हुतम् ।
ブラフマールパナム・ブラフマ・ハヴィルブラフマーグナウ・ブラフマナー・フタム
ब्रह्मैव तेन गन्तव्यं ब्रह्मकर्मसमाधिना ॥ ४ - २४ ॥
ブラフマイヴァ・テーナ・ガンタヴィヤム・ブラフマカルマサマーディナー

（註）ब्रह्म　ブラフマン、अर्पणम्　奉納、हविः　奉納、अग्नौ　火中に、ब्रह्मणा　ブラフマンによって、हुतम्　火中にそそぐ、एव　まさに、तेन　彼によって、गन्तव्यम्　達成される、ब्रह्मकर्म समाधिना　ブラフマンに溶け込んだ人によって、

　奉献の行為は、火の神、アグニ（अग्नि）に対して火中に投じる儀式として古来から行われてきたが、従来は、アーリヤであるドゥヴィジャのバラモン（司祭）が、その専門知識を持ち儀式も取り行ってきた。しかし、「ギーター」では、大きな変化が見られ、次の詩句に出てくるように、リスペクト（崇敬 respect）の気持を持って**私たち自ら**がそれを行うのである。一人一人がヨーガの状態に向かう。ここが、「シャンカラは、ドゥヴィジャに対してのみ語った」と言われた時代とは大きく異なる。上位3ヴァルナや男の視点から構成された社会に平等観をもたらし誰にもその機会が与えられている。従って、ヤギャというよりも、むしろ、プラニダーナ（प्रणिधान respectful conduct）というサンスクリット語の意味の方が近い。崇敬と感謝の気持が何よりも大切なのである。
　同じように、当時、ブッダのダルシャナが、アースティカの6

つのダルシャナに与えたインパクトは甚大なものであった。その衝撃とは、ヴァルナの枠を外し、万人が真理に目覚める道を開き、すべての人がニルヴァーナや悟りに至ることが出来る、と後に世界宗教となる仏教にまで発展させたことである。まさに、MBが、「私が提唱する仮説は、**マハーバーラタ**は、まさに、仏教を広めたアショーカ王の勢力に対するバラモン教の逆襲だった」と言っているのは当を得ている。（註）

> （註）L'hypothèse que je propose alors est que le MBh soit précisément la réplique du brahmanisme à la puissance d'Aśoka , empereur bouddhiste. (p.280)

また、「般若心経」が仏教の経典となったように、「バガヴァッド・ギーター」は、後にヒンドゥ教の経典となるが、両宗教の枠を超え、全世界で座右の書として読まれるのは、いずれも上記のような理由によるのである。

１０．火中に投じる行為のヤギャ（奉献）として、サンヤマ、すなわち感覚器官を静め、呼吸に意識を留めるディヤーナ・ヨーガを実践する者もある。（４－２７）

सर्वाणीन्द्रियकर्माणि प्राणकर्माणि चापरे ।
サルヴァーニーンドゥリヤカルマーニ・プラーナカルマーニ・チャーパレー
आत्मसंयमयोगाग्रौ जुह्वति ज्ञानदीपिते ॥ ४-२७ ॥
アートマサンヤマヨーガーグナウ・ジュフヴァティ・ギャーナディーピテー

（註） सर्वाणि すべてを、इन्द्रियकर्माणि 感覚器官の動き、प्राण 息、कर्माणि 動き、च そして、अपरे ある者は、आत्मसंयम 自己を静めた、योगाग्रौ ヨー

第1部　バガヴァッドギーター入門

ガを火中に、जुह्वति 捧げる、ज्ञान 真の知識、दीपिते 灯す、

　この詩句は、第6章で詳述される「ディヤーナ・ヨーガ」のことで、これもヤギャの一つである。次句では、パタンジャリが「ヨーガスートラ」で述べた**八肢ヨーガ**もそのひとつとして挙げられている。

11．火中に投じる行為のヤギャ（奉献）として、ドーネーションを行う者、サーダナとして八肢ヨーガやヴェーダの学習を行う者もある。（4－28）

द्रव्ययज्ञास्तपोयज्ञा योगयज्ञास्तथापरे ।
ドゥラヴィヤヤギャースタポーヤギャー・ヨーガヤギャースタターパレー
स्वाध्यायज्ञानयज्ञाश्च यतयः संशितव्रताः ॥ ४-२८ ॥
スヴァーディヤーヤギャーナヤギャーシュチャ・ヤタヤハ・サンシタヴラターハ

（註）द्रव्य 富、財産、यज्ञाः 奉献、तपोयज्ञा 自己を知る、योगयज्ञाः ヨーガを行って、तथा また、अपरे ある者は、स्वाध्याय 自己学習、ज्ञान यज्ञा ヴェーダの学習、च そして、यतयः 実践者、संशित व्रताः 厳しい誓い、

　富や財産を社会に役立つよう寄付する行為、いわゆるドーネーションや、スワディヤーヤ（自己学習）として八肢ヨーガの実践、ヴェーダなどの聖典の学習も、同じくヤギャとして説明されている。これらはすべて**自らが**ヨーガに至る実践である。今日、日本で多く行われているアーサナを中心としたハタヨーガも、以上のことを、よく理解した上で行う必要がある。

12．グルの側に寄り、恭しく丁重に学び、真摯に質問し、献身し、心のレベルを超越した知識を得なさい。必ず、あなたに真理を伝えてくれるから。（4-34）

तद्विद्धि प्रणिपातेन परिप्रश्नेन सेवया ।
タドゥヴィッディ・プラニパーテーナ・パリプラシュネーナ・セーヴァヤー
उपदेक्ष्यन्ति ते ज्ञानं ज्ञानिनस्तत्त्वदर्शिनः ॥ ४-३४॥
ウパデークシャヤンティ・テー・ギャーナム・ギャーニナスタットヴァダルシナハ

（註）तद् これを、विद्धि 知りなさい、प्रणिपातेन 恭しく、परिप्रश्नेन 質問することによって、सेवया 献身して、उपदेक्ष्यन्ति 教えてくれる、ते あなたに、ज्ञानम् 知識を、ज्ञानिनः 賢者、तत्त्व 真理、दर्शिनः 見ること、

　連綿と続くグルからグルへという教えの鎖を、また次世代の人に伝えていく重要性が述べられている。その時、教わる側には、グルへの全面的な信頼が必要で、師に対しては、恭しく尊敬の気持を持ち真摯に質問すべきである。一方的に何かを教えてくれるということはあまりない。また、リスペクトの気持は、今の自分が取るに足らない存在だと分かっていないと出てこない。それほど師は偉大なのだ。

13．真理という武器で、気づきのなさから生まれた心に潜む疑いを断ち切れ。向かえ、ヨーガの道へ。目覚めよ、アルジュナよ。（4-42）

तस्मादज्ञानसंभूतं हृत्स्थं ज्ञानासिनात्मनः ।
タスマーダギャーナサンブータム・フリッスタム・ギャーナーシナートマナハ

第1部　バガヴァッドギーター入門

छित्त्वैनः संशयं योगमातिष्ठोत्तिष्ठ भारत ॥ ४-४२ ॥
チッタヴァイナハ・サンシャヤム・ヨーガマーティシュトーッティシュタ・バーラタ

(註) तस्मात् 〜から、अज्ञान 気づきのなさ、संभूतम् 生まれた、हृत्स्थम् 心に潜む、ज्ञान アシナ 真理の武器で、आत्मनः 自らの、छित्त्वा 断ち切る、एनम् これを、संशयम् 疑い、躊躇い、योगम् ヨーガを、आतिष्ठ 行え、向かえ、उत्तिष्ठ 目覚めよ、भारत アルジュナよ、

「目覚めよ、アルジュナよ！」と言っているのは、真理への道は困難だからで、カタウパニシャッドに、その句がある。

賢者の側に寄り、学び、目を覚ませ。鋭利なカミソリの刃の上を歩くように、その道は至難だからだ。（1．3．14）

उत्तिष्ठत जाग्रत प्राप्य वरान्निबोधत ।
ウッティシュタ・ジャーグラタ・プラーピャ・ヴァラーンニボーダタ
क्षुरस्य धारा निशिता दुरत्यया दुर्ग पथस्तत्कवयो
वदन्ति ॥ (१-३-१४)
クシャラスヤ・ダーラー・ニシター・ドゥラッヤヤー・ドゥルガム・パタスタッカヴァヨー・ヴァダンティ

(註) उत्तिष्ठत 起きよ、जाग्रत 目覚めよ、प्राप्य 近寄って、वारन् 優れた師、निबोधत 教わった、क्षुरस्य カミソリ、धारा 縁、エッジ、निशिता 鋭利な、दुरत्यया 通れない、दुर्गम् 達成できない、पथः 真理からなる知識、तत् から、कवयः 賢い人々、वदन्ति 述べている、

「ウッティシュタ（目を覚ませ）、バーラタ（アルジュナ）よ！」と言っているが、ここでのアルジュナの別名バーラタは、バー（भा

「輝く・光」) ＋ラタ (रत「喜び」) から「真理の光」を懸けた意味になっている。真理の光へは、一人一人がヨーガへの道へ歩む。それが、ギーターが万人に向けた呼びかけである。グルも、弟子に「気づき」は教えられない。ウパニシャッドでも、また、ギーターのクリシュナも、そのため「目を覚ませ！」と言っているのである。

第5章　無私の行為とヨーガ

1. ヨーガの状態にあって真理を知る者は、見たり聞いたりすること、触ったり嗅いだりすること、食べたり歩いたりすること、眠ったり呼吸したりすること、これらすべてが自分の仕業ではない、と知り（5－8）

नैव किंचित्करोमीति युक्तो मन्येत तत्त्ववित् ।
ナイヴァ・キムチッット・カローミー・イティ・ユクトー・マンニェタ・タットヴァヴィット
पश्यञ्शृण्वन्स्पृशञ्जिघ्रन्नश्नन्गच्छन्स्वपञ्श्वसन् ॥ ५-८॥
パッシャン・シュリンヴァン・スプリシャン・ジグラナン・アシュナン・ガッチャン・スワパン・シュワサン

(註) न एव किंचिद् 何も〜ない、करोमि (私は)〜する、इति 〜と、युक्तः ヨーガの状態にある、मन्येत 知る、तत्त्ववित् 真理を知る者、पश्यन् 見ること、शृण्वन् 聴くこと、स्पृशन् 触ること、जिघ्रन् 嗅ぐこと、अश्नन् 食べること、गच्छन् 歩くこと、स्वपन् 眠ること、श्वसन् 呼吸すること、

2. 話したり、排泄したり、手で掴んだり、目を開けたり閉じたりすることも、単に、感覚器官が対象に機能しているだけだと分かっている。(5－9)

प्रलपन्विसृजन्गृह्णन्नुन्मिषन्निमिषन्नपि ।
プララパン・ヴィスリジャン・グリハナン・ウンミシャン・ニミシャンナピ
इन्द्रियाणीन्द्रियार्थेषु वर्तन्त इति धारयन् ॥५-९॥
インドゥリヤーニ・インドゥリヤールテーシュ・ヴァルタンタ・イティ・ダーラヤン

(註) प्रलपन् 話すこと、विसृजन् 排泄すること、गृह्णन् 掴むこと、उन्मिषन् 目を開けること、निमिषन् 目を閉じること、अपि ～も、इन्द्रियाणि 感覚器官、इन्द्रियार्थेषु 感覚器官の、वर्तन्त その中にいる、इति この様に、धारयन् 分かっている、

　4章の（4－18）との関連で、そこに私ではなく別の存在がいて、ある行為はなされている。それが分かるようになると、**私という行為者・カルター（कर्ता）**がいなくても行為はなされる、それどころか、実は、行為者は、**私ではなく（アカルターअकर्ता）**すべての行為は行われているのだという気づきが生まれる。これが、第5章「カルマ・サンニャーサ・ヨーガ」の意味である。

3. すべての行いをブラフマンに捧げ、果実にとらわれない人は、ロータスの葉が周囲を水に囲まれながら決して水に触れないように汚れることはない。(5－10)

ब्रह्मण्याधाय कर्माणि सङ्गं त्यक्त्वा करोति यः ।
ブラフマニャーダーヤ・カルマーニ・サンガム・トヤクトヴァー・カローティ・ヤハ

バガヴァッドギーター

लिप्यते न स पापेन पद्मपत्रमिवाम्भसा ॥ ५ - १० ॥
リッピャテー・ナ・サ・パーペーナ・パドマパットラーミヴァームバサー

(註) ब्रह्मणि ブラフマンに、आधाय ～の中に置く、कर्माणि 行い、सङ्गम् 執着、こだわり、त्यक्त्वा とらわれない、करोति 行う、यः ～の人、लिप्यते 汚される、न ～しない、स 彼は、पापेन 悪に、पद्मपत्रम् ロータスの葉、इव ～のように、अम्भसा 水によって、

　カルマ（行為）は、すべて**私という行為者なしで**行われている。この気づきが生まれると、ある行為は、行為の果実を求めることなく行われる。

　もう、かなり昔の話になるが、ある時、ハタヨーガを共に学んでいた友人が、ロータスを育ててみないか、と蓮根を送ってくれたことがあった。家には祖父の使っていた時代の古い大きな水瓶がいくつかあったので、これを庭に埋め込んで育てた。１年目はうまくいかなかったが、２年目には見事に育った。ロータスの花の得も言われぬ美しさは、この世のものとも思えぬ素晴らしさである。しかし、４、５日もすると花びらは散り始め、シャワーの取っ手のような形の醜い褐色の姿に変貌する。誰もが、花の美しさに目を奪われるが、実は、この詩句に歌われているようにロータスは、私の背丈を超える茎とその葉にこそ意味がある。

ロータスは、インド思想の象徴であり、人は人生をいつも快活に、ロータスの葉が水に囲まれながら決して触れないように、周囲の状況に影響されることなく生きるべきで、あなたも、ロータスの葉のような気持で人生を過ごされるように。

第1部　バガヴァッドギーター入門

　育ったロータスの写真を絵はがきにして、この詩句を入れ、恩師のアニル・ヴィディヤランカール先生に送ったところ大変喜んで下さり、このようなお手紙をいただいたことがある。

4. ブラフマンは、行為者のフィーリングを高め、行為を駆り立てるわけでもなければ、行為の果実に執着させるわけでもない。すべては、プラクリティの（グナの）働きによるのだ。
（5-14）

न कर्तृत्वं न कर्माणि लोकस्य सृजति प्रभुः ।
ナ・カルトゥリットゥヴァム・ナ・カルマーニ・ローカスヤ・スリジャティ・プラブフ
न कर्मफलसंयोगं स्वभावस्तु प्रवर्तते ॥ ५-१४ ॥
ナ・カルマパラサンヨーガム・スワバーヴァストゥ・プラヴァルタテー

　（註）न ～ない、कर्तृत्वम् 行為者意識、कर्माणि 行為、लोकस्य 人の、
　　　सृजति 創る、प्रभुः ブラフマン、कर्मफल संयोगं 行為の果実に執着、
　　　स्वभाव プラクリティ、तु しかし、प्रवर्तते （活動）し続ける、

5. 平衡感覚のとれた心を持って、この世で生涯を過ごす人は、（ブラフマンのように）非の打ち所なく、安定して、偏在するブラフマンの中に入って過ごしている。（5-19）

इहैव तैर्जितः सर्गो येषां साम्ये स्थितं मनः ।
イハイヴァ・タイルジタハ・サルゴー・イェシャーン・サームイェ・スティタム・マナハ
निर्दोषं हि समं ब्रह्म तस्माद् ब्रह्मणि ते स्थिताः ॥ ५-१९ ॥
ニルドーシャム・ヒ・サマム・ブラフマ・タスマード・ブラフマニ・テー・スティターハ

(註) इह この世で、एव まさに、तैः 彼らによって、जितः 静かな状態の、सर्गः 生まれる、येषाम् 〜であるところの、साम्ये 平衡感覚の、स्थितम् 〜の状態にある、मनः 心、निर्दोषम् 非の打ち所のない、हि 真に、समम् 同じ、ब्रह्म ブラフマン、तस्मात् 従って、ब्रह्मणि ブラフマンの中に、ते 彼らは、स्थिताः そこにいる、

6．感覚の悦びは一時的なもので、終わると必ず苦悩の原因となる。アルジュナよ。賢者は、決して感覚的な享楽には身を染めない。（5－22）

ये हि संस्पर्शजा भोगा दुःखयोनय एव ते ।
イェ・ヒ・サンスパルシャジャー・ボーガー・ドゥフッカヨーナヤ・エーヴァ・テー
आद्यन्तवन्तः कौन्तेय न तेषु रमते बुधः ॥ ५-२२ ॥
アードゥヤンタヴァンタハ・カウンテーヤ・ナ・テーシュ・ラマテー・ブダハ

(註) ये 〜であるところに、हि まさに、संस्पर्शजा 一緒に生まれる、भोगाः うに、दुःख よनयः 苦しみの原因、एव まさに、ते それら、आदि अन्त वन्तः 〜で始まり〜で終わる、कौन्तेय アルジュナよ、न ない、तेषु そこに、रमते 悦ぶ、बुधः 賢者、

第6章　ディヤーナヨーガ

1．人は、自らを向上させ、決して下落させてはいけない。
　　自分だけが友であり、また、敵にもなるのだ。（6－5）

97

उद्धरेद् आत्मनाऽत्मानं नात्मानम् अवसादयेत् ।
ウッダレード・アートマナートマーナン・ナートマーナン・アワサーダイエト
आत्मैव ह्यात्मनो बन्धुर् आत्मैव रिपुर् आत्मनः ।। (६-५)
アートマイヴァ・ヒャートマノー・ヴァンドゥル・アートマイヴァ・リプル・アートマナハ

（註）उद्धरेद् 向上させるべき、आत्मना 自己によって、आत्मनम् 自己を、न 〜でない、अवसादयेत् 下落させるべき、आत्मा 自己が、एव 〜だけ、हि まさに、आत्मनस् 自己の、बन्धुस् 友、रिपुस् 敵、

「自らを向上させる」とは、「自らの魂の位置・レベル」のことである。それは、高速道路などのレーンを想像してみると分かるが、同じレーンを走っていると、対向車、あるいは、同じ方向に走っている車とは出会うが、異なったレーンの車と出会うことはない。自らの魂のレベルが向上するとレーンが変わり、そこでは、同じ魂のレベルの人との出会いはあるが、異なった人との出会いは、知らない間になくなってしまっている。しかも、これは、自らの選択によるものではなく、自然に起こる。では、どうすれば、向上し、どうすれば下落してしまうのか。それは、１７章になってから出てくる３つのタパ（修行、修道）、「身体に関するタパ」（詩句１４）、「言葉に関するタパ」（詩句１５）、「心に関するタパ」（詩句１６）で明らかになる。

２．心を征服した人にとって、自らは最良の友であるが、心を征服できなければ、自らは最大の敵となる。（６－６）

बन्धुर् आत्माऽत्मनस् तस्य येनात्मैवात्मना जितः ।
ヴァンドゥル・アートマートマナス・タスヤ・イェナートマイヴァ・アートマナー・ジタハ

अनात्मनस् तु शत्रुत्वे वर्तेतात्मैव शत्रुवत् ॥ (६－६)
アナートマナス・トゥ・シャトルゥトゥヴェー・ヴァルテータートマイヴァ・シャトルゥトゥヴァト

> (註) बन्धुस् 友、आत्मा 自己、आत्मनस् 自己の、तस्य 彼の、येन ～によるところの、एव まさに、आत्मना 自己によって、जितस् 征服された、अनात्मनस् 自己でない、तु しかし、शत्रुत्वे 敵、वर्तेत 残る、शत्रुवत् 敵のように、

　朝、目が覚めると同時に「心」つまり「私」が動き出す。行動は、心の動きと共になされるので、心を征服することは非常に難しい。欲望や怒りで荒れ狂うこともあれば、静かな湖面のようにもなる。従って、心は時に敵ともなれば、友ともなる。

3. アルジュナよ。ヨーガでは、あまり食べ過ぎてはいけない。また、小食に過ぎてもいけない。眠りすぎても、睡眠不足でもいけない。（6－16）

नात्यश्नतस् तु योगोऽस्ति न चैकान्तम् अनश्नतः ।
ナートヤシュナタス・トゥ・ヨーゴースティ・ナ・チャイカーンタム・アナシュナタハ
न चातिस्वप्नशीलस्य जाग्रतो नैव चार्जुन ॥ (६－१६)
ナ・チャーティスワプナシーラスヤ・ジャーグラトー・ナイヴァ・チャールジュナ

> (註) न ～ない、अत्यश्नतस् 食べ過ぎる、तु まさに、योगस् ヨーガでは、अस्ति ～である、च そして、एकान्तम् まったく、अनश्नतस् 食べない人の、अतिस्वप्न 眠りすぎ、शीलस्य 習慣の、जाग्रतस् あまり眠らない人の、अर्जुन アルジュナ、

　われわれは、この世に「人」として生まれ、生命を授けられた。

したがって、この与えられた生命を維持する責任がある。
You are what you eat.（人は食べ物次第。）という諺どおり、食物は、あなた自身をつくる。つまり、身体と精神をつくる。この詩句では、「いかに食べるのか」という量のことだけが述べられているように見えるが、実は、何を、どのように調理し食べるのかといったことも隠れている。「何を食べるのか」は、食物のことであるし、「どのように調理するか」、調理法は、昔から、わが国では、五道、五味、五色ということが言われてきた。五道とは、煮る、蒸す、焼く、揚げる、生という調理法、五色とは、赤、青（緑）、黄、白、黒の食材・食物の色、五味とは、甘、辛、苦、酸、鹹（塩）の味である。これらをまんべんなく考慮し、食事に反映する。ここで取り上げられた「いかに食べるか」は量の問題で、よく言われることは、胃袋の２／４（１／２）を食物で満たし、残りの１／４は水、１／４は空気を入れておくということだった。つまり、あともう少し食べたい、という一歩手前で止めるのである。そうすれば、食べ過ぎることはない。逆に、修行などで断食が行われることがあるが、一般には奨められない。ウポワズという言葉が「断食」として理解されているが、ラジニーシは、少し違うと言っている。ウパ・ヴァス（उप √वस्）がサンスクリット原語であり、これはもともと「自分自身の近くに在る」という意味である。彼は、人がこの身体を意識するようなことがなければ、空腹を感じないはずで、従って、断食は自然に起こることだ、と言う。また、正午になったから昼食、というふうに、時間で食べるのではなく、お腹の空いたときに食べる方が自然であって、１日３食である必要もない。食と共に、人は、人生の約１／３の時間、睡眠が必要である。しかし、両極端の、眠りすぎ、不眠もヨーガでは

排除される。

4. 食べること、眠ること、仕事をすること、また、休養や娯楽についても、節度ある習慣を持つ人は、ヨーガですべての苦しみを打ち砕くことができる。（6－17）

　　　युक्ताहारविहारस्य युक्तचेष्टस्य कर्मसु ।
　　　ユクターハーラヴィハーラスヤ・ユクタチェーシュタスヤ・カルマス
　　　युक्तस्वप्नावबोधस्य योगो भवति दुःखहा ॥ (६ - १७)
　　　ユクタスワプナーワボーダスヤ・ヨーゴー・バヴァティ・ドゥフッカハー

　　(註) युक्त 節度ある、आहार 食べ物、विहारस्य 遊びの、चेष्टस्य 仕事の、कर्मसु 実行、स्वप्न 眠り、अवबोधस्य 目が覚めて、योगस् ヨーガ、भवति 〜である、दुःखहा 苦しみを打ち砕く、

　節度ある習慣とは、ボリュームに喩えれば、０から１００へ、１００から０へ、というふうに両極端に動かさないことである。

5. ランプの焔が風のないところでは揺らめかないように、自己の中に留まったヨーギーの心も同じように動かない。
　　　　　　　　　　　　　　　　　　　　　（6－19）

　　　यथा दीपो निवातस्थो नेङ्गते सोपमा स्मृता ।
　　　ヤター・ディーポー・ニヴァータストー・ネーンガテー・ソーパマー・スムリター
　　　योगिनो यतचित्तस्य युञ्जतो योगमात्मनः ॥ (६ - १९)
　　　ヨーギノー・ヤタチッタスヤ・ユンジャトー・ヨーガマーツマナハ

　　(註) यथा 〜ように、दीपः ランプ、निवातस्थ 風のないところにある、न 〜しない、इङ्गते 揺らめく、सा - उपमा チラチラする、स्मृता 想念、योगिनः

ヨーギーの、यतचित्तस्य 静められた、युञ्जतः 安定した、योगम् ヨーガ、आत्मनः アートマの、真の自己の、

　４章２７の詩句でヤギャ（奉献）としてサンヤマが取り上げられた。その詳細がこの詩句である。「カルマヨーガ」、「カルマサンニヤーサヨーガ」で**行為者のいない行為**の真意が分かってくると、同じように「ディヤーナヨーガ」によってもヨーガの道を辿ることができる。本来は、この詩句にあるように、心を外の世界の興味ある対象や、揺り動かされる感情・想念から遠ざけ、自己に吸収する瞑想を主体とするのがヨーガの道である。

　しかしながら、この「ディヤーナヨーガ」は、ヨーガの名称で現在最も流行していて、「アシュタンガヨーガ」や「ハタヨーガ」として実践されるが、自己満足のライフスタイルやファッション、美容、ヨーガマットなど、商品ブランド化して、パッケージ商品の体を呈し営利目的で行われることも少なくない。

　瞑想は、「瞑想者（ディヤーター ध्याता）は誰か？」、「瞑想の対象（ディエーヤ ध्येय）は？」「瞑想の目的は？」などをしっかり理解して行う必要がある。

　まず、大切なのは、瞑想者は私ではない。これは、カルマヨーガと同じで行為者は私ではない。また、私は、この身体でもない。

　次に、瞑想の対象は、感覚器官、心の向かう先ではない。また、瞑想の目的は、知性の汚れを磨き、水晶のようにする。汚れとは、疑い、誤った想念、気づきのなさであって、この汚れがあると苦しみがつきまとう。瞑想によって透明さが得られると本来の自己に立ち返る。

　ディヤーナヨーガでは、呼吸に留意することが最も重要なので、

拙著『般若心経入門』に載せた釈尊のアーナーパーナ・サティを参考にしてほしい。

6．人は、感覚器官を超えた純粋知性を通して至福を感じる。
　　ブラフマンを知れば、人は二度とそこから離れることはない。
　　　　　　　　　　　　　　　　　　　（6－21）

सुखमात्यन्तिकं यत्तद्बुद्धिग्राह्यमतीन्द्रियम् ॥
スカマーッヤンティカム・ヤッタッドゥブッディグラーヒャマティーンドゥリヤム
वेत्ति यत्र न चैवायं स्थितश्चलति तत्त्वतः ॥　（६-२९）
ヴェッティ・ヤットラ・ナ・チャイヴァーヤム・スティタシュチャラティ・タットヴァタハ

（註）सुखम् 至福、अत्यन्तिकम् 永遠の、यद् ～ところの、तद् その、बुद्धिग्राह्यम् 純粋知性を通して、अतीन्द्रियम् 感覚器官を超えて、वेत्ति 知る、यत्र そこ、न ～でない、च また、एव まさに、अयम् この、स्थितः 留まる、चलति 動く、तत्त्वतः 真理から、

　至福の状態は、熟眠時に得られるものと同じなので、もはや感覚器官や心を通じてのものではない。ブラフマンと共にあるアートマン、真の自己を知ると、もはや、その存在から二度と離れることはない。

7．すべての生き物の中にブラフマンが見え、ブラフマンの中にあらゆる生き物が見える人は、ヨーギーであり、ブラフマンと共にある。彼には、一つのものに見える目しかない。（6－29）

सर्वभूतस्थमात्मानं सर्वभूतानि चात्मनि ॥
サルヴァブータスタマートマーナム・サルヴァブーターニ・チャートマニ

ईक्षते योगयुक्तात्मा सर्वत्र समदर्शनः ॥ （६ - २९）
イークシャテー・ヨーガ ユクタートマー・サルヴ ァットラ・サマダ ルシャナハ

（註）सर्वभूतस्थम् すべての生き物の中に、आत्मानम् 真の自己、सर्वभूतानि すべての生き物を、च また、आत्मनि 真の自己の中に、ईक्षते 見る、योगयुक्त ヨーガの状態に、आत्मा 真の自己、सर्वत्र あらゆるところに、समदर्शनः 同じもの、

　自と他など、すべてに差がなくなり、どこに行こうが、どこにいようが、常に同じ状態が訪れ、常に同一のものを見るようになる。「一つのものに見える目」とは、「すべてがブラフマン１つ」ということで、分かれては見えない。

8. すべてのヨーギーの中で、最も深いところで、私と共にあり、ぐらつかず、私に信頼を寄せてくれる敬虔な人こそ最高のヨーギーである。（6－47）

योगिनामपि सर्वेषां मद्गतेनान्तरात्मना ।
ヨーギ ナーマピ・サルヴ ェーシャーム・マド ゥガ テーナーンタラートマナー
श्रद्धावान्भजते यो मां स मे युक्ततमो मतः ॥ （६ - ४७）
シュラッダ ーヴ ァーンバ ジャテー・ヨー・マーン・サ・メー・ユクタタモー・マタハ

（註）योगिनाम् ヨーギーの、अपि ～も、सर्वेषाम् すべての、मद्गतेन 私の元へ来ることによって、अन्तरात्मना 真の自己と共に、श्रद्धावान् 全面的な信頼、भजते 献身する、यः ～ところの、माम् 私に、स 彼は、मे 私に、युक्ततमः 最も近くに、मतः ～と考えられる、

　ブラフマンへの全面的信頼が生まれると、その人はヨーギーの

中のヨーギーと言われ、敬虔な献身の気持が備わり、もはや、3つのヴァルナ、女性といった枠がはずれ、誰もがバクティヨーガの道へと入る。ここが、ギーター最大の特徴である。
なお、バクティヨーガについては、後の第12章で詳述される。
　では、ギャーナヨーガの道とは、どこが異なるのであろうか？それについては、第9章（9−32）で述べられる。

第7章　知識・洞察とヨーガ

　第7章は、サーンキャ・ダルシャナの次の3つの知るべき事柄が述べられている。

① アヴィヤクタ（अव्यक्त）
② ヴィヤクタ（व्यक्त manifested）
③ ギャ（ज्ञः または、ニャ）

　まず、アヴィヤクタ、これは2つ意味があって、一つは、「目に見えない状態（invisible, non-perceptible）」、もう一つは、「まだ顕れていない状態、未顕現（unmanifested）」という意味である。プルシャ（すべての根源）もプラクリティ（エネルギー）も「目には見えない状態」であるが、プラクリティは、プルシャの一瞥があると、ムーラプラクリティ→マハット→アハンカーラ→インドリヤ（5つの感覚器官＋5つの行動器官）＋マナス→タンマートラ→マハーブータという展開が始まる。つまり、ヴィヤクタ（顕現）は、プラクリティの変化・展開した姿（revolution）である。ギャは、「知る人」。プルシャ、プラクリティの識別も、それを知

るのは、われわれ「ギャ」である。

このように、インドのダルシャナを理解しようと思うと「サーンキャ・カーリカー」は必読なので、前著『サーンキャとヨーガ』と本書の第3部を参考にしていただきたい。

このことを念頭に置いて、第1詩句から見ていくことにしよう。

1. アルジュナよ。よくよく心して聴きなさい。如何にして疑いなく私を完全に理解し、私に加護を求め、ヨーガを実践すればいいのかを。(7-1)

मय्यासक्तमनाः पार्थ योगं युञ्जन्मदाश्रयः ।
マッヤヤ−サクタマナーハ・パールタ・ヨーガム・ユンジャンマダーシュラヤハ
असंशयं समग्रं मां यथा ज्ञास्यसि तच्छृणु ॥ (७-१)
アサンシャヤム・サマグラム・マーン・ヤター・ギャースヤシ・タッチュリヌ

(註) मयि 私に、आसक्त-मनाः 心が吸収される、心して、पार्थ アルジュナよ、योगम् ヨーガに、युञ्जन् 励むこと、मदाश्रयः 私に加護を求め、असंशयम् 疑いなく、समग्रम् 完全に、माम् 私に、यथा このように、ज्ञास्यसि 理解する、तद् それを、शृणु 聴きなさい、

まず、微妙で非常に捉えがたい知識（ア・パロークシャ अपरोक्ष）と、ある程度認識が可能な知識（パロークシャ परोक्ष）の2つがある。この第7章の目次は、ギャーナ・ヴィギャーナ・ヨーガ（ज्ञानविज्ञानयोग）というタイトルになっているが、真の自己を知ることは、単に書物を読むだけで得られるものではない。師の側（そば）に坐り面と面が向かい合った状態で、聴き、学ぶシュラヴァナ（श्रवण）は大原則なのである。この章におけるサンスクリ

ット語のギャーナ（ज्ञान）は、「それを知ること」、つまり、一般的な知識や情報、精神的なことに関する学問や理論、世界に関する多様な相（アスペクト）、神に関する知識など、いわゆる知的な知識を指している。これが、パロークシャである。

　一方、ヴィギャーナは、内面に入り込んだ洞察（insight）で、ギャーナを体験で知ること、真理に目覚めることである。ギャーナがわれわれの生存にどう生かされているか、その根源とは一体何か、結局、気づきに至るものであって、こちらはアパロークシャである。例えば、

- ジーヴァ（जीव living）、生きていること、つまり、このように生命を持って私がこの世に存在しているのは何故なのか？
- 私とは誰か？
- この世界とは何か？
- イーシュワラとは？

等の問いに関する解答は、よく聴いて学び、自分自身の気づきからしか得られない。

　従って、クリシュナは、アルジュナに、心を開き、まずよく聴くことを求めている。当然のことながら、真の知識と師の両方に対する敬愛の気持（これが本来のバクティ भक्ति）がなくては絶対に得られない。

2. プラクリティの8つ、即ち、心、ブッディ、アハンカーラ、空間、風、火、水、地は、展開した物質エネルギーである。
（7-4）

भूमिरापोऽनलो वायुः खं मनो बुद्धिरेव च ।
ブーミラーポーナロー・ヴァーユフ・カン・マノー・ブッディレーヴァ・チャ
अहंकार इतीयं मे भिन्ना प्रकृतिरष्टधा ॥ (७‐४)
アハンカーラ・イティーヤム・メー・ビンナー・プラクリティラシュタダー

(註) भूमि 地、आप 水、अनलः 火、वायुः 風、खम् 空間、मनः 心、
बुद्धिः 知性、एव まさに、च ～も、अहंकार アハンカーラ、इति ～と、
इयम् これ、मे 私の、भिन्ना 分かれた、प्रकृतिः プラクリティ、अष्टधा 8
つ、

　この詩句では、より微細なものへの理解のために、2種類のプラクリティ、アパラー・プラクリティ（अपरा प्रकृति）、即ち、低位のエネルギーとパラー・プラクリティ（परा प्रकृति）、即ち、高位のエネルギーについて述べ、次句（7－5）では、サーンキャのプルシャに相当したチェータナ（चेतन consciousness ）の説明となる。物質世界であるアパラー・プラクリティの説明で、まず、水は土よりも微細である。これは、物質としての要素のことを言っているので、飲み水とか土壌の土のことではない。第2に、要素としての**火**は、（要素としての）**水**よりも微細であって、熱や光エネルギー、温度なども含む。また、風は火よりも微細であり、他の要素をある所からある所へ移動させる運動に関わる。風は、目には見えないが、肌でそれを感じることができる。さらに、空間（space）は、風よりも微細である。そして、最も微細なのは、これらより上位にあるブッディ、アハンカーラ、マナスである。それぞれが順により微細ということになる。

3. アルジュナよ。以上は、アパラーシャクティ（低位のプラクリティ）である。次に、パラーシャクティ（高位のプラクリティ）とチェータナー（プルシャ）を知りなさい。以上の２つによって宇宙は維持されている。（７－５）

अपरेयमितस्त्वन्यां प्रकृतिं विद्धि मे पराम् ।
アパレーヤミタスットヴァンニヤーン・プラクリティム・ヴィッディ・メー・パラーム
जीवभूतां महाबाहो ययेदं धार्यते जगत् ॥ （७-५）
ジーヴァブーターン・マハーバーホー・ヤイェーダム・ダールヤテー・ジャガット

（註）अपरा 低位の、इयम् これ、इतः ここ、तु まさに、अन्याम् 他方、प्रकृतिं プラクリティ、विद्धि 知りなさい、मे 私の、पराम् 高位の、जीवभूताम् 存在から成る、महाबाहो アルジュナよ、यया 〜であるところにものによって、इदम् これ、धार्यते 維持されている、जगत् 世界は、

　次に、ヴェーダーンタ・ダルシャナでは、ブラフマンは創造主であり、支配者でもあるが、ここギーターでは、プルシャに相当するものをチェータナ（consciousness）として説明している。つまり、１つのパラー・ブラフマン（परा ब्रह्मन्）を、サーンキャ同様、プルシャとプラクリティの２つの相（アスペクト）の様に説明している。プラクリティに相当するエネルギーは、マーヤー（माया）、又は、シャクティ（शक्ति）と同じである。なお、１４章（１４－３）では、このシャクティのことをマハット・ブラフマン（महत्-ब्रह्मन् 種を宿した子宮）と呼び、サーンキャ寄りの説明をしている。
（１５５頁参照）

第1部　バガヴァッドギーター入門

4. すべての生き物は、これら2つのエネルギーによって展開すること、そして、根源であるブラフマンにすべては吸収されることを理解しなさい。(7－6)

एतद्योनीनि भूतानि सर्वाणीत्युपधारय ।
エータドゥヨーニーニ・ブーターニ・サルヴァーニーットユパダーラヤ
अहं कृत्स्नस्य जगतः प्रभवः प्रलयस्तथा ॥ (७-६)
アハム・クリットスナスヤ・ジャガタハ・プラバヴァハ・プララヤスタター

(註) एतद् योनीनि भूतानि सर्वाणि この中に、すべての生き物は子宮を持つ、इति かくして、उपधारय 理解しなさい、अहम् 私は、कृत्स्नस्य すべて、जगतः 世界、प्रभवः 根源、प्रलयः 吸収、तथा このように、

5. アルジュナよ。私以外に至上の者はない。宇宙すべてのものは、私に繋がっている。首飾りに繋がった宝石のように、ブラフマンとは、パラマートマーのことである。(7－7)

मत्तः परतरं नान्यत्किञ्चिदस्ति धनंजय ।
マッタハ・パラタラム・ナーンニャットキンチダスティ・ダナンジャヤ
मयि सर्वमिदं प्रोतं सूत्रे मणिगणा इव ॥ (७-७)
マイ・サルヴァミダム・プロータム・スートレ・マニガナー・イヴァ

(註) मत्तः 私より、परतरम् 高い位置、न ない、अन्यत् 他に、किञ्चिद् 何か、अस्ति ～がある、धनंजय アルジュナよ、मयि 私に、सर्वम् すべて、इदम् これ、प्रोतम् 編みからんで、繋がって、सूत्रे 糸に、मणिगणाः 宝石が連なって、इव ～のように、

この2つの詩句は、ブラフマンの説明である。首飾りの宝石や

数珠の数珠玉はいくつも連なっているが、一本の糸に通されている。それと同じように、ブラフマンが存在しなければ、何も存在出来ない。すべての名前や形あるものは、ブラフマンを根源として顕れる。ちょうど、太陽・光・熱が同じ１つのものであるように、宝石や数珠玉は、１本の紐に通されて首飾りや数珠になる。

6．人はプラクリティの３グナの状態に惑わされる。このグナとは別の、永遠の私を知らないからだ。（７－１３）

त्रिभिर्गुणमयैर्भावैरेभिः सर्वमिदं जगत् ।
トゥリビルグナマヤイルバーヴァイレービヒ・サルヴァミダム・ジャガット
मोहितं नाभिजानाति मामेभ्यः परमव्ययम् ॥ （७ - १३）
モーヒタム・ナービジャーナーティ・マーメービヤハ・パラマヴィヤヤム

(註) त्रिभिः　３つによって、गुणमयैः　グナの生み出す、भावैः　状態によって、एभिः　これらによって、सर्वम्　すべて、इदम्　この、जगत्　世界、मोहितम्　惑わされる、न　～しない、अभिजानाति　分かる、माम्　私を、एभ्यः　これらよりも、परम्　高いもの、अव्ययम्　永遠の、

　２００９年にユネスコの世界無形文化遺産になった文楽をご覧になったことがあるだろうか。文楽は、太夫の語り、三味線弾き、人形遣い三業（さんぎょう）で成り立つ芸であって、一つの人形を主遣いが首と右手を、左遣いが左手を、そして足遣いが脚を操作する。ちょうど３グナ（トゥリ・グナ）とわれわれの関係に似ている。われわれが動いているのは、この人形のように背後で操っている３人の人形遣い、つまりプラクリティの仕業なのに、自分で動いていると感違いしている。これがマーヤーである。舞台

はこの世、3人の人形遣いは3グナ、われわれは人形である。

7. 3グナから成るものは、心という私の強大な力、マーヤーであり、凌駕することはきわめて難しい。ただ、私に献身することによってのみ克服できる。(7−14)

देवी होषा गुणमयी मम माया दुरत्यया ।
ダイヴィー・ヒエーシャー・グナマイー・ママ・マーヤー・ドゥラッヤヤー
मामेव ये प्रपद्यन्ते मायामेतां तरन्ति ते ॥ (७ - १४)
マーメーヴァ・イエー・プラパドゥヤンテー・マーヤーメーターム・タランティ・テー

(註) देवी 神のような、完全な、हि まさに、एषा この、गुणमयी グナの生み出す、मम 私の、माया マーヤー、幻想、惑わす力、दुरत्यया 凌駕することは難しい、माम् 私を、एव まさに、ये 〜であるところの、प्रपद्यन्ते 達成する、मायाम् 惑わす力、マーヤーを、एताम् これを、तरन्ति 超える、ते 彼ら、

前述の**ギャーナ**として、ブラフマンこそ究極的な根源であり、この世界は、それが展開したものに過ぎないということが理解でき、**ヴィギャーナ**として宇宙の背後にある真理も私も1つなのだとの気づきが生まれた瞬間、ギャーナもヴィギャーナも一体（ヨーガの状態）になり、遂に「私に献身することのみ」というバクティ（神への崇敬・敬愛・賛美）の気持が自然に湧いてくる。これこそ、ブッダの教えと同等なギーター最大の特徴であって、もはや、ヴェーダの時代のドゥヴィジャ、即ち、3ヴァルナの枠がはずれ、女性やシュードラ、アウトカーストなどすべての人に開かれたヨーガの道が到来する。

この詩句は、後述の第14章（14−26）と関連する。

8. アルジュナよ。私を捜せ。次の4つの型の献身者がある。
苦しんでいる者、自己を知ろうとする探求者、富を求める者、
至高者を知ろうとする賢者。（7−16）

चतुर्विधा भजन्ते मां जनाः सुकृतिनोऽर्जुन ।
チャトゥルヴィダー・バジャンテー・マーン・ジャナーハ・スクリティノールジュナ
आर्तो जिज्ञासुरर्थार्थी ज्ञानी च भरतर्षभ ॥ (७ - १६)
アールトー・ジギャースラルタールティー・ギャーニー・チャ・バラタルシャバ

（註）चतुर्विधा 4種類の、भजन्ते 献身、माम् 私に、सुकृतिनः जनाः 願う人々、अर्जुन アルジュナよ、आर्तः 苦悩する人、जिज्ञासुः 自己を知ろうとする探求者、अर्थार्थी 富を追求する人、ज्ञानी 至高者を知ろうとする賢者、च そして、भरतर्षभ バラタの最高の者、アルジュナ、

バクティ（भक्ति 献身）は、困ったときの神頼みで、普通、祈りの形で表れる。しかし、神様は人々のそんな都合の良い願いを聞いて下さるのだろうか？
　コンパッション（compassion）、即ち、慈愛とか至高の愛が神の答えである。ここに4つのタイプとして表されるように、最も多いのは、苦しみや悲しみから救われたいという願いからの祈りである。次いで、世間的な欲望、特に、世間に名前が知れ渡り、有名になりたいという名誉欲、あるいは、権力欲、金銭欲などを実現するために神に祈る。アールタ（आर्थ）、アールタールティー（आर्थार्ती）は、そういった人々のことである。しかし、そのうちに、今朝もいつもと同じように目が覚めた、食事もおいしくいた

だけた、健康に毎日が過ごせるのは、何か大きな力が働いているからではないか、われわれは、もう既に数えきれないほどの贈り物を与えられてるのではないか、神と呼んでもいいような存在に気づくのである。これがジギャース（जिज्ञासु）である。そして、遂に、われわれも、そのような存在と一つではないのかという理解に到達する。これがギャーニー（ज्ञानी）である。そして、神は単に何かを達成してくれる存在ではなく、人々の幸福を願う存在であったことに気がつく。

　以前にも例に挙げたが、ラジニーシは、野に咲く花は、ある人が側を通れば素晴らしい香りを放ち、ある人には香りを出さないということは一切ない、と言う。慈愛とは、そういうものである。従って、アールタ（आर्थ）、アールタールティー（आर्थार्ती）であっても献身者であることには少しも変わりはない。

9. この中で私の元へ来るのは、一途の心の献身者たった一人。
　　愛しいのは、その賢者のみ。彼も私を愛しく思っている。
　　　　　　　　　　　　　　　　　　　　　（7－17）

तेषां ज्ञानी नित्ययुक्त एकभक्तिर्विशिष्यते ।
テーシャーム・ギャーニー・ニッテヤユクタ・エーカバクティルヴィシシヤテー
प्रियो हि ज्ञानिनोऽत्यर्थमहं स च मम प्रियः ॥ (७ - १७)
プリヨー・ヒ・ギャーニーノッヤルタマハム・サ・チャ・ママ・プリヤハ

　(註) तेषाम् それらの、ज्ञानी 賢者、नित्ययुक्तः 変わらぬ、एकभक्ति 1つのものへの献身、विशिष्यते 秀でた、प्रियः 最愛の、हि まさに、ज्ञानिनः 賢者の、अत्यर्थम् 非常に、अहम् 私、सः 彼、च 〜も、मम 私の、प्रियः 最愛の、

ギャーニーは、エーカバクティ（एकभक्ति）、「１つの存在への献身」である。バクティは、神聖なものに対する崇敬、敬愛、賛美の念であって、彼、または彼女は、ブラフマンとは相思相愛の仲、常に一体である。

10. 気づきのない者は、ブラフマンが化身として姿を顕すと思っている。至高の、不変の、超越的存在・根源だと分からないからだ。（７－２４）

अव्यक्तं व्यक्तिमापन्नं मन्यन्ते मामबुद्धयः ॥
アヴィヤクタム・ヴィヤクティマーパンナム・マンニャンテー・マーマブッダヤハ
परं भावमजानन्तो ममाव्ययमनुत्तमम् ॥ （७－२४）
パラム・バーヴァマジャーナントー・ママーヴィヤヤマヌッタマム

(註) अव्यक्तम् 目に見えない、व्यक्तिम् 姿を顕す、आपन्नम् 化身、मन्यन्ते 思う、माम् 私を、अबुद्धयः 気づきのない者、परम् 至高の、भावम् 存在、अजानन्तः 分からない、मम 私の、अव्ययम् 不変の、अनुत्तमम् 超越的、比類のない、

献身は、苦を取り除いてくれる神にすがることではない。むしろ、「すがることではない」と気がつくことが献身である。すがるための神の化身は顕れない。逆に、至高の存在は、常に存在していて、いつでも、どこにでも遍在している。従って、前句で「私の元へ来るのは賢者のみ、ただ一人」と言っている。

11. 強大なカマーヤーによって隠れている私をすべての人が知る訳ではない。そのため、気づきのない人は、生まれることもなく終わることもない永遠のブラフマンを知ることはない。

(7-25)

नाहं प्रकाशः सर्वस्य योगमायासमावृतः ।
ナーハム・プラカーシャハ・サルヴァスヤ・ヨーガ・マーヤーサマーヴリタハ
मूढोऽयं नाभिजानाति लोको मामजमव्ययम् ॥ (७ - २५)
ムードーヤム・ナービジャーナーティ・ローコー・マーマジャマヴィヤヤム

(註) न ～でない、अहम् 私、प्रकाशः 顕現、सर्वस्य すべての、योग - माया - समावृतः マーヤー（幻影）に覆われた、मूढः 惑わす、अयम् これ、न ～でない、अभिजानाति 分かる、लोकः 世界、माम् 私を、अजम् 生まれることのない、अव्ययम् 永遠の、終わることのない、

ヨーガマーヤー（योग - माया）とは、女性名詞で、マジック（magic, magic power）の意味である。ここでは、ブラフマンの創造的な強力なパワーのことで、ものごとを覆い隠し、実在しないものを実在しているように思わせたり見せかけたりする。つまり、真実をベールで覆い隠し、幻影・幻想で、われわれを魅了し実現不可能なことも可能にする。そこにずっと居座りたくなるのである。

サーンキャ・ダルシャナでは、プラクリティの展開として説明されたこのブラフマンの創造的エネルギーは、ヴェーダーンタ・ダルシャナではマーヤーとして表現されている。

第8章　不滅のブラフマンとヨーガ

　第8章は、アルジュナの次の7つの問いから始まり、クリシュナはそれに答えて、いくつかの新しい意味を明らかにする。真理を探究しようというわれわれにとっても、アルジュナの問いは同じである。

　　1．ブラフマン（ब्रह्मन्）とは何か？
　　2．アディアートマ（अध्यात्मम्）とは何か？
　　3．カルマ（कर्म）とは何か？
　　4．アディブータ（अधिभूत）とは何か？
　　5．アディダイヴァ（अधिदैवम्）とは何か？
　　6．アディヤギャ（अधियज्ञ）とは何か？　そして最後に、
　　7．心静かな人が肉体を離れるとき、如何にして神を知ることになるのか？

1．ブラフマンとは、不滅で、超越的な存在であり、そのブラフマンの永遠の本性が個々に宿っているのがアディアートマーである。そして、ジーヴァートマーとして顕れる潜在的な力がカルマである。（8－3）

अक्षरं ब्रह्म परमं स्वभावोऽध्यात्ममुच्यते ।
アクシャラム・ブラフマ・パラマム・スヴバーヴォーディヤートマムッチャティ
भूतभावोद्भवकरो विसर्गः कर्मसंज्ञितः ॥ （८－३）
ブータバーヴォードゥバヴァカロー・ヴィサルガハ・カルマサンギィタハ

（註）अक्षरम्　永遠の、ब्रह्म　ブラフマン、परमम्　超越的、स्वभाव　本性、अध्यात्मम्

117

ア ディアートマ、उच्यते ～と言われる、भूतभाव （個々の）生き物、उद्भव・करः・विसर्गः 生きものを生み出す創造的な力、कर्म 要因、संज्ञितः ～と言われる、

　クリシュナは、この詩句で上記1.～3.の問いに次のように答えている。ブラフマンとは、文字通りには「大なるもの、発展、展開、無限」という意味であるが、この世界は常に変化し、有限であり、必ず壊れる。ただ、ブラフマンのみが、無限で不変、不滅である。サンスクリット語では、アルファベットの文字列をアクシャラ・マーラー（अक्षर माला 花輪に編める、不滅のもの）と呼んでいる。つまり、言葉はいろいろと変化するが、言葉（単語）を構成する音そのものは変化しない。そして、その音はやがて沈黙の中に姿を消す。このように、変化は不変（変わらないこと）が前提になっていて、それが分かれば不滅のブラフマンを知ることになる。従って、アクシャラ・ブラフマ（अक्षर ब्रह्म）と呼ばれることもある。

　次に、ブラフマンが、個々の人の身体に宿るものがアディアートマ（अध्यात्म）である。真の自己の本性であるからスワバーヴァ（स्वभाव）であり、ブラフマンと共にあるアートマンのことである。

　さらに、その生命の原理がジーヴァートマと呼ばれ、この微細な身体は、純粋知性、アハンカーラ、そして5つのプラーナより構成され、身体を維持・活性化させ、同時に感覚器官と行動器官、心が生命活動に関わる。これがカルマ（行動）として顕れる。

　クリシュナは、カルマが、創造的な行為であり、繁栄を導くもの、革新をもたらすもの、気品のあるもの、低位のものを高位へと導くヤギャ（यज्ञः）として提示している。**ヤギャ**は、もはや、

ドゥヴィジャのためではなく、すべての人に開かれた**ヨーガ**の道で、本人自身が実践する。

2. アディブータとは、創造されたものの本性で、必ず滅びること。至高の存在で主宰者が、アディダイヴァ。この身体の中に献身される主としてあるのが私、アディヤギャである。（8−4）

अधिभूतं क्षरो भावः पुरुषश्चाधिदैवतम् ।
アディブータム・クシャロー・バーヴァハ・プルシャシュチャーディダイヴァタム
अधियज्ञोऽहमेवात्र देहे देहभृतां वर ॥ (८-४)
アディヤギャゴーハメーヴァートゥラ・デーヘー・デーハブリターム・ヴァラ

(註) अधिभूतम् 物質の集合体、क्षरः 滅びる、भावः 相、側面、पुरुषः プルシャ、住まうもの、च また、अधिदैवतम् 至高者、अधियज्ञः 献身の背後にある主、अहम् 私、एव 〜こそ、अत्र देहे この身体に、देहभृताम् वर アルジュナよ、身体を持つ者の中で最も優れた者よ、

続いて、この詩句で、クリシュナは、4．〜6．の問いに答える。アディブータ（अधिभूतम्）とは、クシャラ（क्षर）、この壊れやすい身体、あるいはプラクリティの世界のことで、前述のアクシャラ（不滅のもの）と対比されている。アディダイヴァ（अधिदैवम्）とは、この世界、宇宙の創始者・主宰者であるブラフマンのこと、アディヤギャ（अधियज्ञः）は、ブラフマンと共にあるアートマンとして、生きものの中に住まう存在のことである。

3. 誰もが必ずこの肉体を離れる。その時、全く疑う余地なく、私を想う者だけが真っ直ぐに私の元へと来る。(8-5)

अन्तकाले च मामेव स्मरन्मुक्त्वा कलेवरम् ।
アンタカーレー・チャ・マーメーヴァ・スマランムクトゥヴァー・カレーヴァラム
यः प्रयाति स मद्भावं याति नास्त्यत्र संशयः ॥　(८-५)
ヤハ・プラヤーティ・サ・マドゥバーヴァム・ヤーティ・ナースッツヤトラ・サンシャヤハ

(註) अन्तकाले 死の時に、च そして、माम् 私を、एव だけ、स्मरन् 憶えている、想う、मुक्त्वा 離れる、去る、कलेवरम् 肉体、यः ～であるところの、प्रयाति 旅立つ、सः 彼、मद्भावम् 私の存在、याति 到達する、来る、न अस्ति ～がない、अत्र ここ、संशयः 疑い

　アルジュナの最後の問い「如何にして神を知ることになるのか?」に対するクリシュナの答えが、この詩句である。私のことを想い(ヤギャ यज्ञ)、瞑想し、遂に、サマーディ、ニルヴァーナ、ヨーガの状態に達した心静かな人が肉体を離れる時、彼の元へと行く(没入する)ことは間違いない。ヤギャにより、既に、神を知っているからだ。

4. (ブラフマンにとっての昼間)、即ち、日の出と共にすべてのものが姿を顕し、(ブラフマンにとっての)夜の訪れと共に、そこに吸収されて姿を消す。(8-18)

अव्यक्ताद्व्यक्तयः सर्वाः प्रभवन्त्यहरागमे ।
アヴィヤクタードヴィヤクタヤハ・サルヴァーハ・プラバヴァンティヤハラーガメー
रात्र्यागमे प्रलीयन्ते तत्रैवाव्यक्तसंज्ञके ॥　(८-१८)

ラートラヤーガメー・プラリーヤンテー・タットライヴァーヴィヤクタサンギャケー
> (註) अव्यक्तात् 目に見えない状態から、व्यक्तयः 目に見える状態、सर्वाः すべてのものが、प्रभवन्ति 顕れる、अहः आगमे 昼間の訪れ、रात्री आगमे 夜が来ると、प्रलीयन्ते 吸収される、तत्र एव まさにそこに、अव्यक्त - संज्ञके アヴィヤクタと呼ばれる、アヴィヤクタという名の、

　拙著『サーンキャとヨーガ』３１頁～３５頁で詳述したとおり、ヴィヤクタ（व्यक्त）とアヴィヤクタ（अव्यक्त）の関係は、ここギーターでも随所に出てくる。
　サーンキャでは、プルシャのエネルギーとしてのアスペクトであるプラクリティの展開として説明されたものが、ここでは、ブラフマンの創造者としてのアスペクトとして描かれている。
　朝、目が覚めれば、まず、私が顕れ、その後に、この世界が顕れる。夜になれば、すべてがすっかり姿を消す。ラマナ・マハルシが簡潔に述べたとおりである。
　創造とは、何か新たにものが創り出されることではなく、すでに存在する不滅で不変の、１つの根源が名前とともに姿・形を顕すことである。従って、必ず元に戻る。

5. これとは別の「目に見えない存在」が、もう一つあって、それは姿が顕れたり消えたりするものではなく永遠で、壊れたりは決してしない。（８－２０）

परस्तस्मात्तु भावोऽन्योऽव्यक्तोऽव्यक्तात्सनातनः ।
パラスタスマーットゥ・バーヴォーニョーヴィヤクトーヴィヤクタッサナータナハ
यः स सर्वेषु भूतेषु नश्यत्सु न विनश्यति ॥ （८-२०）

ヤハ・サ・サルヴェーシュ・ブーテーシュ・ナシュヤッス・ナ・ヴィナシヤティ

（註）परः より高い、तस्मात् それよりも、तु しかし、भावः 存在、अन्यः 別の、अव्यक्तः まだ顕れていない、अव्यक्तात् 顕れていないものよりも、सनातनः 永遠の、यः 〜であるところの、सः それ、सर्वेषु すべてのものの中で、भूतेषु 顕現したもの、नश्यत्सु 壊れる時、न 〜しない、विनश्यति 滅びる、

　サーンキャ・ダルシャナで説明されたとおり、アヴィヤクタ（अव्यक्त）には2つの意味がある。1つは永遠不滅のプルシャ、ヴェーダーンタ・ダルシャナでは、ブラフマンのことである。もう一つは、エネルギーであるプラクリティは、プルシャの一瞥がない限り目には見えないから同じようにアヴィヤクタである。ブラフマンの創造的な力も同様である。従って、ここで「別の目に見えない存在」と言っているのは、常に変化をしない永遠の存在のプルシャとブラフマンのことである。

6. 目には見えず永遠の至高の存在がアクシャラ・ブラフマンと呼ばれる私の最高の住み処。そこに到達した者は再び戻ることはない。（8-21）

अव्यक्तोऽक्षर इत्युक्तस्तमाहुः परमां गतिम् ।
アヴィヤクートクシャラ・イッティユクタスタマーフフ・パラマーン・ガティム
यं प्राप्य न निवर्तन्ते तद्धाम परमं मम ॥ （८-२१）
ヤム・プラーピャ・ナ・ニヴァルタンテー・タッダーマ・パラマム・ママ

（註）अव्यक्तः 目には見えない、अक्षर 不滅の、इति このように、उक्तः 呼ばれる、तम् あの、आहुः 〜と言う、परमाम् 至高の、गतिम् ゴール、यम् 〜

であるところの、प्राप्य 到達した、न ～でない、निवर्तन्ते 戻る、तत् あの、दाम 住み処、परमम् 最高の、मम 私の、

アヴィヤクタ（अव्यक्त）は、前句のように展開する前のプラクリティにも使われるので注意を要する。プラクリティの場合は、エネルギーであるから、ヴィヤクタは、顕現（拡がる、展開）、アヴィヤクタは、未顕現（折り畳む、吸収）の意味に使われるが、プルシャとブラフマンには、アヴィヤクタ（目には見えない状態）しかありえない。ここではアクシャラ・ブラフマンと呼ばれたり、パラ・ブラフマン（पर ब्रह्म）と呼ばれたりする至高の存在を指し究極の到達点である。しかし、到達点とは、何か目的地の様なものではない。それは、プルシャやブラフマンの存在に**気づく**ことを意味している。そして、それが分かれば、もう、決して戻ることはない。

第9章　隠れた最高の知識とヨーガ

第7章の目次はギャーナ（ज्ञान 知識）・ヴィギャーナ（विज्ञान 洞察）であった。ここ第9章ではラージャ・ヴィッドヤー（राजविद्या 知識の王様）・ラージャ・グヒャ（राजगुह्य すべての秘密の中の最高のもの）、とヴィッドヤーとグヒャの前に「最高の地位である王様（king）」を意味するラージャ（राज）の文字が付いているので、**真の自己を知る**ということが、すべての知識の基盤であることを再びクリシュナは強調していることが分かる。

これは、他の知識によって知ることの出来るものとは異なる。ごく希（まれ）な人のみが、識別（ヴィヴェーカ विवेक）と感覚器

第1部　バガヴァッドギーター入門

官と心が対象から離れること（ヴァイラーギャ वैराग्य）によって、直接知ることが出来る。さて、詩句を見ていくことにしよう。

1. この世界は、私の目に見えない存在の顕れたものであり、すべての生き物は、私の中に住み、私がこの世界の中に住んでいるわけではない。（9−4）

　　मया ततमिदं सर्वं जगदव्यक्तमूर्तिना ।
　　マヤー・タタミダム・サルヴァム・ジャガダヴィヤクタムールティナー
　　मत्स्थानि सर्वभूतानि न चाहं तेष्ववस्थितः ॥ (९ - ४)
　　マッスターニ・サルヴァブーターニ・ナ・チャーハム・テーシュヴァスティタハ

　　（註）मया 私によって、ततम् 顕れる、इदम् この、सर्वम् すべて、जगत् 世界、अव्यक्त 目に見えない、मूर्तिना 姿、मत्स्थानि 私の中に存在する、सर्व भूतानि すべての生きもの、न ない、च また、अहम् 私は、तेषु ならの中に、अवस्थितः 住む、

2. すべての生きものを創造し、維持し、潤すこの神秘的なパワーを見て知りなさい。だが、私がこの中にいるわけではない。
　　　　　　　　　　　　　　　　　　　　　（9−5）

　　न च मत्स्थानि भूतानि पश्य मे योगमैश्वरम् ।
　　ナ・チャ・マッスターニ・ブーターニ・パッシャ・メー・ヨーガマイシュヴァラム
　　भूतभृन्न च भूतस्थो ममात्मा भूतभावनः ॥ (९ - ५)
　　ブータブリンナ・チャ・ブータストー・ママートマー・ブータバーヴァナハ

　　（註）न 〜ではない、च そして、मत्स्थानि 私の中に住む、भूतानि 生きもの、पश्य 見守る、मे 私の、योगम् - ऐश्वरम् 神秘的な力、भूतभृत् 生きものを

維持する、न ～ではない、च そして、भूतस्थः 生きものの中に住まう、
मम 私の、आत्मा アートマー、भूतभावनः 創造する、

　サンスクリット語の「私（アハム अहम्）」と「これ（イダム इदम्）」と言う言葉で表すと、「これ」の中には「私」がいる。逆に、「私」がなければ、「これ」はない。つまり、「これ」として展開したものは「私」という存在があるからであって、「これ」の中に「私」はいる。毎朝、目が覚めて、この身体をはじめとする**第1人称で呼んでいる「私」も、この世界も**、その中に上記の「私」が存在する。この「私」が、プルシャであり、ブラフマンである。インドでよく譬えに挙げられるのは波と海の関係である。波は、海の中にあって、海が波の中に在るわけではない。

3. 私はこの世の父である。さらに、扶養し支える母でもあり、
　　祖父でもある。清める者であり、聖音・オームであり、
　　リグヴェーダ、サーマヴェーダ、ヤジュルヴェーダである。
　　　　　　　　　　　　　　　　　　　　（9－17）

पिताहमस्य जगतो माता धाता पितामहः ।
ピターハマスヤ・ジャガトー・マーター・ダーター・ピターマハハ
वेद्यं पवित्रमोंकार ऋक्साम यजुरेव च ॥　（ ९ - १७）
ヴェードゥヤム・パヴィットラモーンカーラ・リックサーマ・ヤジュレーヴァ・チャ
(註 पिता 父親、अहम् 私、अस्य この、जगतः 世界、माता 母、धाता 分配者、
　 पितामहः 祖父、वेद्यं 知るべきこと、पवित्रम् 清める者、ओंकार 聖音・オーム、ऋक् リグヴェーダ、साम サーマヴェーダ、यजुः ヤジュルヴェーダ、
　 एव च そして～も、

神、プルシャ、ブラフマンなど何れの名前で呼ばれようとも、この名前で呼ばれるものが**すべて**である。いろいろな姿、形として顕れるが、その中には目に見えないアヴィヤクタ（अव्यक्त）として必ずその存在がある。従って、知るべきただ一つのことであり、それがシンボライズされたものが、聖音・オーム（ॐ）、また第２部で説明する、アパウルシェーヤ（अपौरुषेयम्）、即ち「（人による言葉・文章ではない）、リグヴェーダ、サーマヴェーダ、ヤジュルヴェーダ、アタルヴァヴェーダの４ヴェーダ」である。

4. ただひたすら、心静かに私のことを想い献身する者を必ず保護する。（あなた方に）まだ、保持しないものを提供し、既に保持しているものを失わないように護る。（９－２２）

　न अनन्याश्चिन्तयन्तो मां ये जनाः पर्युपासते ।
　ナ・アナンニャーシュチンタヤントー・マーン・イェー・ジャナーハ・パルユパーサテー
　तेषां नित्याभियुक्तानां योगक्षेमं वहाम्यहम् ॥ （९-२२）
　テーシャーム・ニッティヤービユクターナーム・ヨーガ・クシェーマム・ワハーミヤハム

　（註）न 〜ではない、अनन्यः 他の想いがなく、चिन्तयन्तः 他の想いがなく、माम् 私に、ये 〜であるところの、जनाः 人々、पर्युपासते 献身、तेषाम् 彼らの、नित्य अभियुक्तानाम् 心静かな、योग まだ保持しないものを提供する、क्षेमम् 既に保持しているものを失わないようにする、वहामि 護る、保護する、अहम् 私は、

　ギーターでも有名な詩句で、神、ブラフマン、プルシャなど何れの名前で呼ばれようとも、彼が「至福の存在」であることを表している。ラマナ・マハルシが、このパラマプレーマ（परमप्रेम）

と呼んだ彼と一体になったとき、即、われわれも至福の状態となる。彼は、われわれが**何を捧げ**ようとしているかは見ていない。その**献身**しようとする**気持**を見ている。わが師は彼を知ることへと導いてくれた。その感謝の気持ちこそ彼に繋がっている。また、家族をはじめ友人は、私を支えてくれた。これらなくして、彼を知ることは困難であった。

5. アルジュナよ。私の元へ待避して保護を求めよ。生まれは問わない。女性であろうと、ヴァイシャであろうと、シュードラであろうと、すべての者が平等に至高の目標に達することが出来るからだ。（9－32）

मां हि पार्थ व्यपाश्रित्य येऽपि स्युः पापयोनयः ।
マーン・ヒ・パールタ・ヴィヤパーシュチットヤ・イェーピ・スユフ・パーパヨーナヤハ
स्त्रियो वश्यास्तथा शूद्रास्तेऽपि यान्ति परां गतिम् ॥ (९ - ३२)
ストゥリヨー・ヴァシュヤースタター・シュードラステーピ・ヤーンティ・パラーン・ガティム

(註) माम् 私に、हि まさに、पार्थ アルジュナよ、व्यपाश्रित्य 待避して、ये 〜であるところの、अपि 〜も、स्युः 例え〜であろうと、पाप योनयः 生まれは問わない、स्त्रियः 女性、वैश्याः ヴァイシャ、तथा 〜も、शूद्रा シュードラ、ते 彼ら、अपि 〜も、यान्ति 達成する、पराम् 至高の、गतिम् ゴール、

ブッダの教えがドゥヴィジャ（द्विज）に与えた衝撃の大きさは、ここにバクティ・ヨーガの道を開いた。ギーター最大の特徴が、この詩句である。現在、わが国で、内容はともかく「ヨーガ」なるものを教えている人は、９０％以上が女性であろう。バラモン

を主体とするヴェーダの時代にあっては想像も出来なかったことである。MBの仮説「マハーバーラタ」登場のきっかけをもたらしたのは、ブッダの登場であり、その教えのすべての人への平等性は、後に世界宗教となることを見ても、その信憑性は非常に高い。

　バクティとは、至高の愛である。しかし、そのための資格はすべての人に平等に与えられているだろうか？ ヴァルナや後のカースト、信条、肌の色、教育格差、宗教、国籍などに関わりなくすべての人は神を知ることが可能である。しかし、同じヨーガの道でもギャーナ・ヨーガを通じては、精神的な学習に恵まれないなど、その資格は平等とは言えない。生まれ出る時に、すでにハンディがあったのである。

　この詩句にあるパーパ・ヨーナヤ（पाप योनयः）は、「罪ある」とか「低い身分の生まれ」などと言う意味ではない。これは「（子宮から生まれ出る時）真理の理解を妨げる者として出生した」という意味である。逆に、プンニャー（पुण्याः）は、「（生まれ出る時）真理の理解が手助けされる者として出生した」の意である。つまり、パーパ（पाप）は、「妨げるもの」、プンニャ（पुण्य）は、「手助けするもの」である。

　これらは、3グナをベースにしたものであって、**生まれではない**。3グナのバランスのいずれかの優位性は、はっきりと理解の度合いに差をもたらす。では、何故、女性は「罪ある者」と誤解されたのであろうか？

　「女性らしさ」の特徴は、執着性、依存性、感情的傾向である。同様に、ヴァイシャは、計算高いこと、処理能力の高さ、損得指向など。シュードラは、盲目的、動作の鈍さ、無気力性などから

ハンディが生まれた。バラモン、クシャトリヤは、明朗、快活、微細で緻密な思考能力、平和指向、ダイナミズム、勇気など。これらのグナの特性が、知識の習得に差をもたらすのである。しかし、バクティ・ヨーガの道は、このグナの不平等をすべて取り払った。まさに、ブッダの登場と当時のアショーカ王の貢献はきわめて大きかったと言えよう。

第10章　至高の力とヨーガ

　ここ第10章は、ヴィブーティ・ヨーガ（विभूतियोग）である。ここで、クリシュナはブラフマンの創造における驚くべき力とその顕現した姿を教えようとしている。つまり、彼の創造的な力がヨーガであり、その現れがヴィブーティ（विभूति）である。われわれが創造されたこの世界、ジャガット（जगत्）を見るとき、常に、その背後に彼の姿を見るのである。

1．常に私と共にあり、私を敬愛する人々に、私はブッディ・ヨーガを授ける。それによって、彼らは私のもとに来ることが出来るからだ。（10－10）

तेषां सततयुक्तानां भजतां प्रीतिपूर्वकम् ।
テーシャーム・サタタユクターナーム・バジャターム・プリーティプールヴァカム
ददामि बुद्धियोगं तं येन मामुपयान्ति ते ॥ （१०-१०）
ダダーミ・ブッディヨーガム・タム・イエーナ・マームパヤーンティ・テー

　（註）तेषा　彼らに、सतत - युक्तानाम्　常に共にある、भजताम्　敬愛する、प्रीतिपूर्वकम्　敬愛、ददामि　与える、बुद्धियोगम्　ブッディヨーガ、तम्　これを、येन　それ

によって、माम् 私に、उपयान्ति 来る、ते 彼らは、

2. 私を敬愛する人々に対する思いやりのため、彼らのハートに宿り、気づきのなさから生まれる闇を知識の灯りによって打ち砕く。(１０－１１)

तेषामेवानुकम्पार्थमहमज्ञानजं तमः ।
テーシャーメーヴァーヌカムパールタマハマギャーナジャム・タマハ
नाशयाम्यात्मभावस्थो ज्ञानदीपेन भास्वता ॥ (१० - ११)
ナーシャヤーミヤートマバーヴァスト・ギャーナディーペーナ・バースワター

(註) तेषाम् 彼らの、एव まさに、अनुकम्पा - अर्थम् 思いやりのため、अहम् 私は、अज्ञानजम् 気づきのなさが生まれる、तमः 暗闇、नाशयामि 打ち砕く、आत्मभावस्थः ハートに宿る、ज्ञानदीपेन 知識の灯火、भास्वता 輝き、

KathUp（２－１－１）に、次の句がある。

創造主は、人間の穴を外向きに開けた。そのため、外を見て、中なるアートマンを見ない。ただ、賢明な人だけが、内側の不滅の真理を見る。(２－１－１)

पराञ्चि खानि व्यतृणत् स्वयम्भूस्तस्मात्पराङ्पश्यति नान्तरात्मन् ।
パラーンチ・カーニ・ヴィヤトゥリナット・スヴァヤムブースタスマートパラーンパッシャティ・ナーンタラートマン
कश्चिद्धीरः प्रत्यगात्मानमैक्षदावृत्तचक्षुरमृतत्वमिच्छन् ॥ १ ॥
カシュチッディーラハ・プラッティヤガートマーナマイクシャダーヴリッタクシュラムリタットヴァ ミッチャン

(註) पराञ्चि 外向けに、खानि 穴、व्यतृणत् 開ける、स्वयम्भूः 創造主、तस्मात् 従って、पराक् 外を、पश्यति 見る、न 〜しない、अन्तरात्मन् 内なるアートマンを、कश्चित् わずかの、धीरः 賢明な人、प्रत्यगात्मानम् 内なる自己、ऐक्षत् 真理、आवृत्तचक्षुः 目に覆い、अमृतत्वम् 不滅の、इच्छन् 望み、

これは、人がこの世界を5つの感覚器官と心、それに方向付けを与えるアハンカーラという**外に向いた穴**で見て生きていることを示している。しかし、サーンキャ・ダルシャナで見てきたとおり、人間誰にでも内的器官として最高の**ブッディ**が備わっている。これがブッディ・ヨーガの意味である。彼は、われわれのハートに宿り、深い愛情でもって辺りを照らし気づきを与えてくれる。まさに、内側を見れば、そこに神の栄光がある。

3. アルジュナよ。私は、すべての生きもののハートに住まうパラートマーである。私は、すべての始まりであり、それを維持し、破壊することも出来る。(10−20)

अहमात्मा गुडाकेश सर्वभूताशयस्थितः ।
アハマートマー・グダーケーシャ・サルヴァブーターシャヤスティタハ
अहमादिश्च मध्यं च भूतानामन्त एव च ॥ (१० - २०)
アハマーディシュチャ・マディヤムチャ・ブーターナーマンタ・エーヴァ・チャ

(註) अहम् 私は、आत्मा パラマートマ、गुडाकेश アルジュナ、सर्व - भूत - आशय - स्थितः すべての生きものの中に住まう、अहम् 私は、आदिः 始め、मध्यम् 真ん中、च そして、भूतानाम् 生きもの、अन्त 終わり、एव まさに、च そして、

すべての生きものの核であり、創造的活動に関わり維持し、破壊もするアートマーは、間接的にブラフマンと共に在ることをクリシュナはアルジュナに示唆している。後に、維持する神としてはヴィシュヌ神として、破壊する神としてはシヴァ神として昇格させることがこの詩句の伏線となっている。

4. アルジュナよ。さらに私は、存在するすべてのものの種子であり、動くもの、動かぬもの、すべてが私なしには存在出来ない。（１０－３９）

यच्चापि सर्वभूतानां बीजं तदहमर्जुन ।
ヤッチャーピ・サルヴァブーターナーム・ビージャム・タダハマルジュナ
न तदस्ति विना यत्स्यान्मया भूतं चराचरम् ॥ （१० - ३९）
ナ・タダスティ・ヴィナー・ヤッスヤーンマヤー・ブータム・チャラーチャラム

(註) यद् 〜であるところの、च 〜も、अपि さらに、सर्वभूतानाम् すべての生きもの、बीजम् 種子、तद् その、अहम् 私は、अर्जुन アルジュナよ、न 〜でない、तद् その、अस्ति 〜である、विना 〜なしには、यद् 〜であるところの、स्यात् 存在すべき、मया 私によって、भूतम् 存在、चराचरम् 動くもの、動かぬもの、

この宇宙をはじめとするすべてのものの基盤がブラフマン、パラマートマーなどの名前で呼ばれるものであることを、クリシュナはアルジュナに示し、目を閉じてヨーガの瞑想でそれを知る。目を開ければそこに顕現した彼の姿をヴィブーティとして見ることになる。

第11章　人格神の誕生とヨーガ

　第11章は、ヴィシュワルーパダルシャナ・ヨーガ（विश्वरूपदर्शनयोग）である。アルジュナは、ここで驚くべき全宇宙の様相を見せられ驚き打ち震える。創造の神としてのブラフマ神、それを維持するヴィシュヌ神、破壊するシヴァ神、その三様の姿は、主の見せる全宇宙の計り知れない様相、初めもなく終わりもない全体として登場し、アルジュナが今までに決して見たことのないものであった。

　この章と第12章は、「バガヴァッド・ギーター」、というよりも「マハーバーラタ」の最も中心となる思想が述べられる。それは、バクティヨーガの献身の対象としての人格神を、ここで位置づけたことである。

1. アルジュナは驚きのあまり髪の毛は逆立ち、頭を垂れて手を合わせ主に祈りを捧げた。（11−14）

ततः स विस्मयाविष्टो हृष्टरोमा धनञ्जयः ।
タタハ・サ・ヴィスマヤーヴィシュトー・フリシュタローマー・ダナンジャヤハ
प्रणम्य शिरसा देवं कृताञ्जलिरभाषत ॥ (११-१४)
プラナムヤ・シラサー・デーヴァム・クリターンジャリラバーシャタ

（註）ततः　その時、स　彼、विस्मयाविष्ट　驚愕のあまりの、हृष्टरोमा　髪の毛は逆立ち、धनञ्जयः　アルジュナ、प्रणम्य　祈る、शिरसा　頭を下げ、देवम्　主に、कृताञ्जलिः　手を合わせて、अभाषत　そして言った、

133

第1部　バガヴァッドギーター入門

　アルジュナは、全宇宙の様相を次々と見せられて驚愕のあまり髪の毛は逆立ち、全身が打ち震え、思わず主へ祈りを捧げる。

2．ドリタラーシュトラの息子たちすべても、同盟関係の王たちも、ビーシュマやドローナ、カルナも、そして、わが味方の将軍や戦士たちも、すべてあなたの恐ろしい口の中へ呑み込まれていき、巨大な顎と歯で頭と噛み砕かれているのが見える。（１１－２６）（１１－２７）

अमी च त्वां धृतराष्ट्रस्य पुत्राः सर्वे सहैवावनिपालसंघैः ।
アミー・チャ・トゥヴァーム・ドゥリタラーシュトラスヤ・プットラーハ・サルヴェー・サハイヴァーヴァニパーラサンガイヒ
भीष्मो द्रोणः सूतपुत्रस्तथासौ सहास्मदीयैरपि योधमुख्यैः ॥ （११ - २६）
ビーシュモー・ドゥローナハ・スータプットラスタターサウ・サハースマディーヤイラピ・ヨーダムキャイ

（註）अमी　入る、च　そして、त्वाम्　あなたに、धृतराष्ट्रस्य　ドリタラーシュトラ、पुत्राः　息子達、सर्वे　すべて、सह　一緒に、एव　まさに、अवनिपाल - संघः　王達、भीष्मः　ビーシュマ、द्रोणः　ドローナ、सूतपुत्रः　カルナ、तथा　かくして、असौ　そこに、सह　一緒に、अमदीयः　われわれの、अपि　〜も、योधमुख्यै　主な戦士、

वक्त्राणि ते त्वरमाणा विशन्ति दंष्ट्राकरालानि भयानकानि ।
ヴァクットラーニ・テー・トゥヴァラマーナー・ヴィシャンティ・ダンシュタラカラーラーニ・バヤーナカーニ
केचिद्विलग्ना दशनान्तरेषु संदृश्यन्ते चूर्णितैरुत्तमाङ्गैः ॥ （११ - २७）
ケーチドゥヴィラグラー・ダシャナーンタレーシュ・サンドゥリシャンテー・チュールニタイルッタマーンガイヒ

134

(註) वक्त्राणि 口、ते あなたの、त्वरमाणाः 素早く、विशन्ति 入る、दंष्ट्राकरालानि 多くの歯、牙、भयानकानि 恐ろしい、केचिद् いくつかの、विलग्नाः くっつく、दशन - अन्तरेषु 歯の間、संदृश्यन्ते 見られる、चूर्णितैः 壊れた、उत्तमाङ्गैः 頭、

初めも終わりもなく、この全宇宙の主であり支配者が創造・維持・破壊するその有様は、マハーバーラタの戦いの様子もまた映し出した。それはアルジュナにとって今まで見たことがないものであり驚愕し身の毛のよだつような大きな衝撃（アーシュチャリヤ・バーヴァ आश्चर्य - भाव）を与えた。彼は、ただ合掌し祈りを捧げるばかりであった。この主（Lord）の見せる全宇宙の形相はアーラムバナ（आलम्बन）と呼ばれる。

3. 故に、立ち上がれ。そして名声を得よ。敵を征服し、王国の繁栄を楽しめ。何故なら、アルジュナよ、私が彼らを殺害したのであって、お前は単に役を演じた役者に過ぎない。

(11−33)

तस्मात्त्वमुत्तिष्ठ यशो लभस्व जित्वा शत्रून् भुङ्क्ष्व राज्यं समृद्धम् ।
タスマーットヴァムッティシュタ・ヤショー・ラバスヴァ・ジットヴァー・シャットルーン・ブンクシャヴァ・ラージャム・サムリッダム
मयैवैते निहताः पूर्वमेव निमित्तमात्रं भव सव्यसाचिन् ॥ (११ - ३३)
マヤイヴァイテー・ニハターハ・プールヴァメーヴァ・ニミッタマートラム・バヴァ・サヴィヤサーチン

(註) तस्मात् 故に、त्वम् お前、उत्तिष्ठ 立ち上がれ、यशः 名声、लभस्व 得よ、जित्वा 征服し、शत्रून् 敵、भुङ्क्ष्व 楽しめ、राज्यम् 王国、समृद्धम् 繁栄、मया 私によって、एव まさに、एते これら、निहताः 殺害する、पूर्वम् 既

　　　　　　　に、एव まさに、निमित्त - मात्रम् 道具、役割、役者、भव ～であれ、
　　　　　　　सव्यसाचिन् アルジュナ、

　すべてこの世の目の前で起こる事柄は、主のなせる業であり、意志であり、その力であって、われわれは与えられた役柄をただ果たす役者に過ぎない。アルジュナは、クシャトリヤとしての役を果たす。また、人に限らず、どのような小さな生きものであれ、それぞれ役割を持っていて、すべてのことは、彼によって起こるべくして起こる。（スターネー　स्थाने）

　クリシュナとアルジュナの対比は、限りなき**パラマートマー**と**ジーヴァートマー**として示されてる。

4. あなたは、原始の神であって、太古のプルシャ。この宇宙の安息処。すべてを知り、また、知るべきすべて、至高の姿。あなたによって、この宇宙は顕現しました。おお、果てしなき、お方よ。（１１－３８）

त्वमादिदेवः पुरुषः पुराणः त्वमस्य विश्वस्य परं निधानम् ।
トゥヴァマーディデーヴァハ・プルシャハ・プラーナハ・トゥヴァマスヤ・ヴィシュワスヤ・パラム・ニダーナム
वेत्तासि वेद्यं च परं च धाम त्वया ततं विश्वमनन्तरूप ॥ （११ - ३८）
ヴェーッターシ・ヴェードゥヤム・チャ・パラム・チャ・ダーマ・トゥヴァヤー・タタム・ヴィシュヴァマナンタルーパ

　　（註） त्वम् あなたは、आदिदेवः 原始の神、पुरुषः プルシャ、पुराणः 太古、
　　　　अस्य この、विश्वस्य この宇宙すべての、परम् 至高の、निधानम् 安息処、
　　　　वेत्ता 知者、असि ～であり、वेद्यम् 知るべきこと、च そして、

परम् 至高の、च そして、धाम 住み処、त्वया あなたによって、ततम् 顕現した、विश्वमनन्तरूप 果てしなき姿、

アルジュナの見たものは、恐ろしい姿を見せた宇宙の様相であったが、一方で**至高の愛**が彼の恩寵、安息処（マット・パラマ मत् - परम्）として示される。

5. 私は、あなたの偉大さが分からず、まるで友だちに話しかけるように、軽率に「クリシュナよ、ヤーダヴァよ、友よ」と親しげに振る舞っていました。（１１－４１）

सखेति मत्वा प्रसभं यदुक्तं हे कृष्ण हे यादव हे सखेति ।
サケーティ・マットヴァー・プラサバム・ヤドゥクタム・ヘー・クリシュナ・ヘー・ヤーダヴァ・ヘー・サケーティ
अजानता महिमानं तवेदं मया प्रमादात् प्रणयेन वापि ॥ （११-४१）
アジャーナター・マヒマーナム・タヴェーダム・マヤー・プラマーダーット・プラナイェーナ・ヴァーピ

(註) सखा 友、इति 〜と、मत्वा 〜と思い、प्रसभम् 軽率に、यद् 〜であれ、उक्तम् 言っていた、हे おお、कृष्ण クリシュナ、यादव アルジュナよ、सखा 友、इति 〜と、अजानता 気づかず、महिमानम् 偉大さ、तव あなたの、इदम् この、मया 私によって、प्रमादात् 無頓着な、प्रणयेन 好意から、वा あるいは、अपि そして、

この第１１章は、敵味方の将軍や戦士達が殺され、巨大な顎と歯で頭が噛み砕かれるなど、アルジュナが今まで見たこともないような恐ろしい宇宙の実相が見せつけられる。しかし、その描写

第1部　バガヴァッドギーター入門

は、一体何を伝えようとしているのだろうか？

6. あなたは生きとし生けるものすべてに崇敬されるお方。私はひれ伏して祈りを捧げ、お許しを乞います。息子の生意気さを父が許し、友が互いを許し合い、恋人が互いに許し合うように、どうか私の非礼をお許し下さい。（１１－４４）

तस्मात्प्रणम्य प्रणिधाय कायं प्रसादये त्वामहमीशमीड्यम् ।
タスマーットプラナムミャ・プラニダーヤ・カーヤム・プラサーダイェ・トゥヴァーマハミーシャミーダヤム
पितेव पुत्रस्य सखेव सख्युः प्रियः प्रतियायार्हसि देव सोढुम् ॥
　　　　　　　　　　　　　　　　　（११-४४）
ピテーヴァ・プットラスヤ・サケーヴァ・サキュフ・プリヤハ・プラティヤーヤールハシ・デーヴァ・ソードゥム

（註）तस्मात् このことから、प्रणम्य 祈る、प्रणिधाय ひれ伏す、कायम् 五体、प्रसादये 許しを請う、त्वम् あなた、अहम् 私は、ईशम् 主、ईड्यम् 敬意、पिता 父、इव ～のように、पुत्रस्य 息子の、सखा 友、इव ～のように、सख्युः 友の、प्रियः 恋人、प्रतियाय 愛しい人、अर्हसि 出来る、देव おお、神よ、सोढुम् ご慈悲を、

　この第１１章は、ギーターでも意味がよく理解されないまま、読み飛ばされる可能性が非常に高い章である。この詩句は、私にも同じ体験があり、真のグルが誰であったかに気がついた時、アルジュナと同じように、思わす「恥ずかしい思いがしました」と詫びを入れた。グルは、ヨーガを始めて１５年あまりも愛情を持って、じっと見守ってくれていたのだ。

この章はマハーバーラタという叙事詩、ひいては「ギーター」が書かれた大きな意図が隠されている。それは、強力なライヴァル、ブッディズムの存在である。ヴァルナを無視し平等思想やダンマそのものの重要性を説くブッダは、彼の意図とは関係なく、ブラフマンに代わる礼拝の対象になりつつあり、上位 3 ヴァルナにとってのバラモン、あるいはヒンドゥにとって脅威であった。

　勿論、ブッダの教えは、バクティの対象はダンマであって、個人としてのブッダではない。しかし、ヘルマン・ヘッセが小説『シッダールタ』で描いて見せたゴーヴィンダのようにゴータマの後を追うようなバクティをする人がほとんどであろう。

　アルジュナの心は、今や神の深い愛に満たされる。今までの理解は、ブラフマンとかプルシャといった姿・形なき神の理解、つまり、神の一つの相、ニル・グナ（निर्गुण）(註1) であった。ここにきて、神は、もう一つの相をより分かりやすい姿として見せ始める。それが、サ・グナ（सगुण）(註2) である。

(註1) निर は「～を持たない」、गुण は「属性」。従って、「属性を持たない」の意。
(註2) स は「良き」、गुण は「属性」。従って「良き本性、本質が高潔な」の意味。

　この章でアルジュナに見せられた全宇宙の様相は、サンスクリット語でヴィラータ（विराट्）と言う。他に第 9 章で出てきた宇宙の創造者・維持者・破壊者であり、全知・全能・遍在する神であり、われわれのすべての行為を主宰し果実を与える神をサンスクリット語ではイーシュワラ（ईश्वर）と言っている。そして、その化身、アワターラ（अवतार）こそクリシュナ（कृष्ण）である。アワターラは、従って、このマハーバーラタという物語を通して登場

する。しかも、**ビーシュマの死**と共に現れたことは、序説の「マハーバーラタの中のバガヴァッド・ギーター」で述べたとおりである。

7. ヴェーダを読もうが、タパをしようが、慈善をしようが、祭祀によろうが、お前が見た私の真の宇宙の実相は分かるものではない。（１１－５３）

नाहं वेदैन तपसा न दानेन न चेज्यया ।
ナーハム・ヴェーダイルナ・タパサー・ナ・ダーネーナ・ナ・チェージャヤー
शक्य एवंविधो द्रष्टुं दृष्टवानसि मां यथा ॥ (११ - ५३)
シャキャ・エーヴァムヴィドー・ドゥラシュトゥム・ドゥリシュタヴァーナシ・マーム・ヤター

(註) न ～ではない、अहम् 私は、वेदैः ヴェーダによって、न ～ではない、तपसा タパによって、न ～ではない、दानेन 慈善によって、न ～ではない、च また、इज्यया 祭祀によって、शक्य 私は～出来る、एवंविधः は、このような方法で、द्रष्टुम् 見ること、दृष्टवान् असि 見た、माम् 私を、यथा ～様に、

　これは特別な体験であって、ヴェーダを読もうが、タパをしようが、慈善をしようが、祭祀によろうが、いかなる方法をもってしても見ることは出来ない。ある時、突然、その人の深い理解、気づきが生まれた時に主宰者が見せてくれる姿なのだ。このようにして、「ギーター」ではバクティの帰依する人格神がはっきりと示された。

8. アルジュナよ。私へのひたむきな、一途な深い愛情、献身によって、真の私を知り、見ることが出来、その中へと入ってくることが出来るのだ。(11-54)

भक्त्या त्वनन्यया शक्य अहमेवंविधोऽर्जुन ।
バクトヤー・トゥヴ アナンヤヤー・シャキャ・アハメーヴァムヴィドールジュナ
ज्ञातुं द्रष्टुं च तत्त्वेन प्रवेष्टुं च परंतप ॥ (११-५४)
ギャートゥム・ドラシュトゥム・チャ・タットヴェーナ・プラヴェーシュトゥム・チャ・パラムタパ

(註) भक्त्या 深い愛情によって、तु しかし、अनन्यया 一途な、शक्य 私は〜
出来る、अहम् 私は、एवंविधः このように、अर्जुन アルジュナよ、
ज्ञातुम् 知ること、द्रष्टुम् 見ること、च 〜も、तत्त्वेन 真に、प्रवेष्टुम् 入る
こと、च 〜も、परंतप アルジュナよ、

ひたむきな彼に対する愛情(アナンニャ・バクティ अनन्य भक्ति)によって、その恩寵がわれわれの上に降ってくる。それは、

①彼を知ること
②彼を見ること
③彼と一つになること

である。遂に「彼と一緒だ」というゴールこそ「マット・パラマ(मत् - परम)」と言われる。それは彼に対する感謝の祈りや献身(バクティ भक्ति)を通じて達成される。

第1部 バガヴァッドギーター入門

第12章 バクティヨーガ

　アルジュナは、ここまで歩いてきた道が、瞑想とか神との一体とかといった言葉や思い込みの世界であり、第11章で宇宙の実相を見せつけられて、やっと真の神の姿に気づいた。うかつにもクリシュナを友だちのように呼び、振る舞ったことに、われわれ自身を重ねてみれば、アルジュナと同じように、いかにヨーガから離れたヴィヨーガの状態であったかが分かる。
　さて、既に、第6章の詩句（6－47）や第9章詩句（9－32）で見てきたが、バクティとは一体何で、誰に対して為すのだろうか？

1. 変わらぬ気持ちで、常に、あなたに献身すべきか、それとも永遠不変で目には見えぬブラフマンに献身すべきか、いずれがヨーガに熟達しているといえるでしょうか。（12－1）

　एवं सततयुक्ता ये भक्तास्त्वां पर्युपासते ।
　エーヴァム・サタタユクター・イェ・バクタ―ストゥヴァーム・パルユパーサテー
　ये चाप्यक्षरमव्यक्तं तेषां के योगवित्तमाः ॥ (१२-१)
　イェー・チャーピヤクシャラマヴィヤクタム・テーシャーム・ケ―・ヨーガヴィッタマーハ

　（註）एवम् かくして、सतत 常に、युक्ताः 変わらず、ये 〜ところの、भक्ताः 献身、त्वाम् あなたに、पर्युपासते 献身する、ये 〜ところの、च 〜と、अपि また、अक्षरम् 永遠の、अव्यक्तम् 目に見えぬ、未顕現の、तेषाम् 彼らの、के どちら、योगवित्तमाः ヨーガに熟達、

　アルジュナは、献身者として、サグナであり顕現（ヴィヤクタ

व्यक्त）している「あなた」、すなわちクリシュナを選び帰依すべきか、それとも、未顕現（アヴィヤクタ अव्यक्त）で永遠・不滅の存在ニルグナのブラフマンにすべきかを、まず、尋ねている。

何故なら、アルジュナは、今までにヴェーダで永遠不滅の存在として遍在し未顕現のブラフマンについて学習している。しかし、前章で宇宙の実相の姿、顕現した姿を体験した。ここで、人格神としての化身、または、アイドルを知る。

2. 私の考えでは、最上のヨーギーは、変わらぬ気持で、一心に、人格神である私に献身すべきだと思う。（１２－２）

मय्यावेश्य मनो ये मां नित्ययुक्ता उपासते ।
マッヤーヴェーシュヤ・マノー・イェー・マーン・ニッㇳヤユクター・ウパーサテー
श्रद्धया परयोपेतास्ते मे युक्ततमा मताः ॥ （१२ - २）
シュラッダヤー・パラヨーペーターステー・メー・ユクタタマー・マターハ

(註) मयि 私に、आवेश्य 固定する、मनः 心、ये 〜であるところの、माम् 私に、नित्य 永遠の、युक्ताः 結びつける、उपासते 献身する、श्रद्धया 信頼を持って、परया 最高に、उपेताः 〜を持って、ते 彼ら、मे 私に、युक्ततमाः 最も優れた献身、मताः 考えた、

　バクティとは、神に捧げる最上の愛である。何かの動機があっての愛ではなく、信頼に基づく無心の愛である。ブッダを意識してのことであろう、ブラフマンではなく、人格神を通しての帰依であることをはっきりと述べている。これが「バガヴァッド・ギーター」最大の特徴である。

3. 不滅で、言葉で表現できない、目にも見えぬ、いずこにも遍在する、不変不動の、永遠の存在、人格神ではないブラフマンそのものに献身して、感覚器官を鎮め、あらゆる生きものを平等に扱い、彼らの幸福のために寄与する者も、結局、私の元へ来る。(１２－３)(１２－４)

ये त्वक्षरमनिर्देश्यमव्यक्तं पर्युपासते ।
イエー・トゥヴ アクシャラマニルデーシュヤマヴィヤクタム・パルユパーサテー
सर्वत्रगमचिन्त्यं च कूटस्थमचलं ध्रुवम् ॥ (१२ - ३)
サルヴァットラガマチントヤム・チャ・クータスタマチャラム・ドゥルヴァム

(註) ये 〜であるところの、तु しかし、अक्षरम् 不滅の、अनिर्देश्यम् 定義できない、अव्यक्तम् 目には見えない、पर्युपासते 献身する、सर्वत्रगम् 遍在する、अचिन्त्यम् 考えることが出来ない、च そして、कूटस्थम् 不変の、अचलम् 不動の、ध्रुवम् 永遠の、

संनियम्येन्द्रियग्रामं सर्वत्र समबुद्धयः ।
サンニヤミーエーンドゥリヤグラーマム・サルヴァットラ・サマブッダヤハ
ते प्राप्नुवन्ति मामेव सर्वभूतहिते रताः ॥ (१२ - ४)
テー・プラプヌヴァンティ・マーメーヴァ・サルヴァブータヒテー・ラターハ

(註) संनियम्य 鎮める、इन्द्रियग्रामम् 感覚器官の集まり、सर्वत्र あらゆる、समबुद्धयः 偏らずに、ते 彼らは、प्राप्नुवन्ति 到達する、माम् 私に、एव まさに、सर्वभूतहिते すべての生きもの、रताः 喜ばせる、満足させる、

クータ（कूट）とは、サンスクリット語で、もともと鍛冶職人が使う鉄床（かなとこ）の意味である。これを土台にしていろいろなものを造るわけであるから、決して変形しない。そのことから、

不変を意味する。

　サグナであり顕現（ヴィヤクタ व्यक्त）している化身としての人格神か、それとも、目には見えず未顕現（アヴィヤクタ अव्यक्त）で永遠・不滅の存在ニルグナのブラフマンか、献身する神に捧げる無心の愛は、結局、どちらの道を選んでも必ず同じ至高者にたどり着くことをクリシュナは、アルジュナに答える。しかし、続いての詩句で、ニルグナとしてブラフマンの場合を述べているが消極的であるのには訳がありそうである。

4. ブラフマンを祈念することで、真の自己の気づきに至ることは、きわめて難しい。何故なら、目に見えぬ存在を理解することは肉体を有する者には無理だからである。（１２－５）

क्लेशोऽधिकतरस्तेषामव्यक्तासक्तचेतसाम् ।
クレーショーディカタラステーシャーマヴィヤクターサクタチェータサーム
अव्यक्ता हि गतिर्दुःखं देहवद्भिरवाप्यते ॥ （१२-५）
アヴィヤクター・ヒ・ガティルドゥフッカム・デーハヴァッディラヴァーピヤテー

（註）क्लेशः 非常な困難、अधिकतरः 非常な、तेषाम् それらの、अव्यक्त - आसक्त - चेतसाम् 目に見えぬ存在に祈念する、अव्यक्ता 目に見えぬ、हि まさに、गतिः ゴール、दुःखम् 困難、देहवद्भिः 身体を有する者、अवाप्यते 達成する、

　勿論、この時代、ドゥヴィジャであるバラモン、クシャトリヤ、ヴァイシャの３ヴァルナが知識や教育を独占し、彼らを中心とする社会であったが、ヴァルナは、もともと３グナに基づくものである。高い知性に裏付けされたグナを有する者でも、アヴィヤクタ、つまり、目に見えない存在のニルグナ・ブラフマンを理解す

145

ることは容易ではない。それに比べれば、ブッダの説く教え、つまり、神への帰依ではなく、ダンマの理解と実践であることの方がずっと分かりやすい。ここに、大きな危機感を抱いていたことが分かり、ニルグナ・ブラフマンを理解困難とし、人格神への祈念をはっきりと打ち出していることが分かる。

5. 生きものすべてに愛情を持ち、友のように、思いやりの精神で、私とか、私のものとかといった考えがなく、喜びから苦しみへ、苦しみから喜びへと極端に動くことなく、寛大で、いつも満ちたりた気持で、心静かであり、しっかりした信念を持ち、心と知性を私に委ねる人は、私にとって最も愛すべき人である。
（１２－１３）（１２－１４）

अद्वेष्टा सर्वभूतानां मैत्रः करुण एव च ।
アドゥヴェシュター・サルヴァブーターナーム・マイトラハ・カルナ・エーヴァ・チャ
निर्ममो निरहंकारः समदुःखसुखः क्षमी ॥ （१२ - १३）
ニルマモー・ニラハンカーラハ・サマドゥカスッカハ・クシャミー

（註）अद्वेष्टः 毛嫌いしない、सर्वभूतानाम् すべての生きもの、मैत्रः 友として、करुणः 思いやり、एव まさに、च そして、निर्ममः 私のもの、という感覚、निरहंकारः 私感覚、エゴ、समदुःखसुखः 幸・不幸も同じ感覚、क्षमी 寛容、

संतुष्टः सततं योगी यतात्मा दृढनिश्चयः ।
サントゥシュタハ・サタタム・ヨーギー・ヤタートマー・ドゥリダニシュチャヤハ
मय्यर्पितमनोबुद्धियों मद्भक्तः स मे प्रियः ॥ （१२ - १४）
マッヤヤルピタマノーブッディルヨー・マッドバクタハ・サ・メー・プリヤハ

（註）संतुष्टः 満足する、सततम् 常に、योगी ヨーギー、यतात्मा 心静か、दृढनिश्चयः

確信、मयि 私に、अर्पित - मनः - बुद्धिः 心と知性を、यः ～であるところの、मद्भक्तः 私に委ねる、सः 彼は、मे 私の、प्रियः 愛すべき人、

　これは、人格神である「私に」というところを「ダンマに」と置き換えれば、まるでブッダの教えと同じである。つまり、ブッダの教えをバクティヨーガとして浮かび上がらせてドゥヴィジャである３ヴァルナの優位性を薄め、シュードラや女性に対する平等観を打ち出した。

6. 以上述べてきた、永遠の理法（ダルミャームリタ）に誠実に従い、究極の目的地として私に身を委ねる人は、最も愛すべき人である。（１２－２０）

ये तु धर्म्यामृतमिदं यथोक्तं पर्युपासते ।
イエ・トゥ・ダルミャームリタミダム・ヤトークタム・パルヤーサテー
श्रद्दधाना मत्परमा भक्तास्तेऽतीव मे प्रियाः ॥ (१२ - २०)
シュラッダーナー・マッパラマー・バクタステーティーヴァ・メー・プリヤーハム

(註) ये ～であるところの、तु まさに、धर्म्यामृतम् 永遠の理法、इदम् この、यथा उक्तम् 上述のように、पर्युपासते 帰依する、श्रद्दधानाः 誠実に、मत्परमाः 究極の目的として私を、भक्ताः 献身、ते 彼らは、अतीव とても、मे 私にとって、प्रियाः 最愛の人、

　この詩句で注意してほしいのは、神ではなく、ダルミャームリタム（धर्म्यामृतम्）という言葉が使われたことである。勿論、これはブラフマンとか、あるいは人格神としてのクリシュナと同意で使われているが、ブッディズムを意識して**永遠の理法**という表現

に変わっている。

　サーンキャでもアヴィヤクタという表現は、未顕現のプルシャとプラクリティ（エネルギー）として使われたし、ブラフマンも同様である。ブッダの教えは、やはり目に見えないダンマ（永遠の理法）であって（目に見える）自らを崇拝せよとは言っていない。しかし、人格神としてのクリシュナに帰依せよという意味を同じように理解されては困るので、**ダルミャームリタム（永遠の理法）**と微妙に表現を変えている。**3．**で結局「私の元へ来る」、その目に見えぬ存在を、ここでさらに補足している。

第13章　プルシャ・プラクリティとヨーガ

　第13章は、クシェートラ・クシェートラギャ・ヴィバーガ・ヨーガである。前章でバクティ・ヨーガの説明がされたが、この章ではギャーナ・ヨーガ（または、ニャーナ・ヨーガ）が説明される。

　その前に、クシェートラ（क्षेत्र）というサンスクリット語は、直訳すれば「野原、田畑」、クシェートラギャ（क्षेत्रज्ञ）は、「それを知る者」であるが、これでは何のことか分かりづらい。従って、その補足となる最初の詩句は番号が欠如していて、「ギーター」のヴァージョン（版）によっては有る場合と無い場合とがある。つまり、入れなければ全詩句は700に、入れると全詩句は701となる。実際、マハーバーラタの第4巻ビーシュマ・パルヴァのバガヴァッド・ギーター・パルヴァでは、第37章がこの第13章に当たるが、この詩句は含まれていない。

　本書では、一応、第1句目に記すが、以下、全700詩句に合

わせた詩句番号とする。さて、その詩句とは、

次のことについて知りたいのですが、とアルジュナはクリシュナに尋ねる。

プラクリティ（प्रकृति）とプルシャ（पुरुष）は、クシェートラ（क्षेत्र）とクシェートラギャ（क्षेत्रज्ञ）である。つまり、「知るべきもの」と「知る者」である。

अर्जुन उवाच -
アルジュナ・ウヴァーチャ
प्रकृतिं पुरुषं चैव क्षेत्रं क्षेत्रज्ञमेव च ।
プラクリティム・プルシャム・チャイヴァ・クシェトラム・クシェトラギャメーヴァ・チャ
एतत् वेदितुमिच्छामि ज्ञानं ज्ञेयं च केशव ॥
エータット・ヴェーディトゥミッチャーミ・ギャーナム・ギェーヤム・チャ・ケーシャヴァ

(註) अर्जुन アルジュナは、उवाच 尋ねる、प्रकृतिं プラクリティ、पुरुषं プルシャ、च 〜と、एव まさに、क्षेत्रं クシェートラ、क्षेत्रज्ञं クシェートラギャー、च 〜と、एतत् これを、वेदितुम् 知ること、इच्छामि 〜したい、ज्ञानम् 知るべきもの、ज्ञेयम् 知る者、च 〜と、केशव クリシュナ、

　この詩句があれば、この章の意味はずっと分かりやすくなる。つまり、サーンキャ・ダルシャナのプルシャとプラクリティの識別（ヴィギャーナ）と同じことを述べている。プラクリティから「展開したものすべて」がクシェートラであり、「たった１つの根源、それを知る者、見る者」がクシェートラギャである。

第1部　バガヴァッドギーター入門

1．アルジュナよ。私が、すべてのクシェートラを知る者であり、「クシェートラ」と「クシェートラを知る者」を識別することが、ギャナ（真の知識）である。（13－2）

क्षेत्रज्ञं चापि मां विद्धि सर्वक्षेत्रेषु भारत ।
クシェートラギャム・チャーピ・マーン・ヴィディ・サルヴァクシェートレーシュ・バーラタ
क्षेत्रक्षेत्रज्ञयोर्ज्ञानं यत्तज्ज्ञानं मतं मम ॥ （13 - 2）
クシェートラクシェートラギャヨールギャーナム・ヤッタッジギャーナム・マタム・ママ

（註）क्षेत्रज्ञम्　クシェートラを知る者、च　そして、अपि　さらに、माम्　私を、विद्धि　知りなさい、सर्वक्षेत्रेषु　すべてのクシェートラの中の、भारत　アルジュナよ、क्षेत्रक्षेत्रज्ञयोः　クシェートラとクシェートラを知る者の、ज्ञानम्　知ること、यद्　～であるところの、तद्　それを、मतम्　考えられる、मम　私の、

　クシェートラをプラクリティに、クシェートラギャをプルシャに置き換えれば、容易に理解できるであろう。

2．マハーブータ、アハンカーラ、ブッディ、隠れた残存印象、10の器官、心、5つの感覚器官の対象、欲望、憎しみ、幸福、苦しみ、粗大・微細な身体、人生、その維持力、などが展開したクシェートラとして、ここで簡潔に述べられている。
　　　　　　　　　　　　　　　（13－5）（13－6）

महाभूतान्यहंकारो बुद्धिरव्यक्तमेव च ।
マハーブーターニャハムカーロー・ブッディラヴィヤクタメーヴァ・チャ
इन्द्रियाणि दशैकं च पञ्च चेन्द्रियगोचराः ॥ （13 - 4）

インドゥリヤーニ・ダシャイカム・チャ・パンチャ・チェーンドゥリヤゴーチャラーハ

(註) महाभूतानि 粗大要素、अहंकारः アハンカーラ、बुद्धिः ブッディ、अव्यक्तम् 隠れた残存印象、ヴァーサナー、एव まさに、च 〜も、इन्द्रियाणि 器官、दश 10の、एकम् 1つ、च そして、पञ्च 5、इन्द्रियगोचराः 感覚器官と行動器官、

इच्छा द्वेषः सुखं दुःखं संघातश्चेतना धृतिः ।
イッチャー・ドゥヴェーシャハ・スッカム・ドゥフカム・サンガータシュチェータナー・ドゥリティヒ
एतत्क्षेत्रं समासेन सविकारमुदाहृतम् ॥ (१३ - ६)
エータットクシェートラム・サマーセーナ・サヴィカーラムダーフリタム

(註) इच्छा 欲望、द्वेषः 憎しみ、सुखम् 喜び、दुःखम् 苦しみ、संघाताः 粗大な、微細な、魂のレベルとしての3つの身体、चेतना その人生、धृतिः その維持力、एतद् これ、क्षेत्रम् クシェートラ、समासेन 簡潔に、सविकारम् 展開したもの、उदाहृतम् 説明している、

　サーンキャ・ダルシャナで述べられたプラクリティの展開する姿、ブッディからアハンカーラ、5つの感覚器官、5つの行動器官、心、タンマートラ（音・触覚・形・臭い・味）、マハーブータ（空・風・火・水・地）、さらに、隠れた残存印象（ヴァーサナー वासना）、第7章（7－5）で述べられたアパラープラクリティ（अपराप्रकृति）が詳しく述べられる。また、われわれの湧き起こるフィーリング、即ち、情緒や感情としての欲望、憎しみ、喜び、苦しみ、つまり、3つのレベルとしての身体、その人生、その維持力、などもクシェートラとして述べられている。
　なお、サンガーターハ（संघाताः 複数形）とは、サンスクリット語では、もともと「集まり」の意味であるが、われわれのこの**身**

体を3つのレベルとして表現した言葉で、

　①物質的なレベルの身体
　②より微細な、感情・欲望・本能的な性欲や食欲・恐れなどのレベルの身体
　③最も微細なアートマン、魂のレベルとしての身体

を意味している。従って、情緒や感情としての欲望、憎しみ、喜び、苦しみなどもクシェートラとして説明されるわけである。

3．分割できぬもの（ブラフマン）は、すべての生きものにあって、恰も、分かれているように見えて現れるが、すべてを支え、破壊し、創造する。（13−16）

अविभक्तं च भूतेषु विभक्तम् इव स्थितम् ।
アヴィバクタ・チャ・ブーテーシュ・ヴィバクタム・イヴァ・スティタム
भूतभर्तृ च ज्ञेयं ग्रसिष्णु प्रभविष्णु च ॥ (१३ - १६)
ブータバルトゥリ・チャ・ゲーヤム・グラシシュヌ・プラヴィシュヌ・チャ

　(註) अविभक्तम् 分割できぬ、च そして、भूतेषु 生きもの、विभक्तम् 分かれた、इव 〜のように、स्थितम् 存在する、भूतभर्तृ 支持者、ज्ञेयम् 知られる、ग्रसिष्णु 破壊者、प्रभविष्णु 創造者、च 〜でもある、

　第2部の「ブラフマスートラ」で詳述するが、ブラフマンは、分割できぬ、ただ1つの存在であり、個々の生きものの中には、恰も分かれたようにアートマンとして存在する。彼は、ヴィシュ

ヌ神の形をとり、すべての生きものを支え、また、シヴァ神の形をとれば、創造のため必要な破壊もする。何故なら、この宇宙にあって破壊のない新しい創造はありえないからである。

4. すべての生きものの中に、至高の存在があると気づいている者は、身体は滅びても、不滅の存在があるという不動の理解がある。（１３－２７）

समं सर्वेषु भूतेषु तिष्ठन्तं परमेश्वरम् ।
サマン・サルヴェーシュ・ブーテーシュ・ティシュタンタム・パラメーシュヴァラム
विनश्यत्स्व् अविनश्यन्तं यः पश्यति स पश्यति ॥ （१३ - २७）
ヴィナシャットスヴ・アヴィナシャンタム・ヤハ・パッシャティ・サ・パッシャティ

（註）समम् 同じ、सर्वेषु すべての、भूतेषु 生きものには、तिष्ठन्तम् 存在する、परमेश्वरम् 至高の存在、विनश्यत्सु 滅びる中に、अविनश्यन्तम् 不滅の、यः 〜であるところの、पश्यति 見る、स 彼は、पश्यति 理解している、

滅びてしまうもの、例えば、この身体と決して滅びることのないもの、ブラフマンのことが前句に続いて説明されている。この身体も、生と死の間にだけ存在し誕生、成長、衰え、死という変化を遂げる。パラメーシュワラとも呼ばれる不滅の存在に気づくことはヨーガの完成でもある。ヨーギーだけが、それを知ると言われる。

5. 知識の目を通して、クシェートラとクシェートラ・ギャの違いを知る者は、同時に、プラクリティのマーヤーから自由になり、至高に到達する。（１３－３４）

153

क्षेत्रक्षेत्रज्ञयोर् एवम् अन्तरं ज्ञानचक्षुषा ।
クシェートラクシェートラギャヨーホ・エーヴァム・アンタラム・ギャーナチャクシュシャー
भूतप्रकृतिमोक्षं च ये विदुर् यान्ति ते परम ॥ (१३ - ३४)
ブータプラクリティモークシャム・チャ・イェー・ヴィドゥフ・ヤーンティ・テー・パラム

(註) क्षेत्रक्षेत्रज्ञयोः　クシェートラとクシェートラギャを知る者、एवम्　かくして、अन्तरम्　違い、ज्ञानचक्षुषा　知識の目、भूत - प्रकृति - मोक्षम्　マーヤーからの自由、च　同時に、ये　〜であるところの者、विदुः　（彼らは）知る、यान्ति　達する、ते　彼らが、परम्　至高、

　クシェートラをプラクリティに、クシェートラギャをプルシャに置き換えれば、容易に理解できるが、これはサーンキャの説明であった。ブラフマンは、プラクリティと同じように、まるでクモの糸のようにマーヤーとしてすべてを吐き出し創造する。従って、ギーターでは、クシェートラをマーヤーに、クシェートラギャをブラフマンに置き換えて理解し、この両者を混同しないように求めた。

　これが、この第１３章の結論である。

第14章　3つのグナの識別とヨーガ

　第14章は、グナトラヤ・ヴィバーガ・ヨーガ (गुणत्रयविभागयोग)である。タイトル通りサーンキャ・ダルシャナで説明された3グナ (गुणत्रय) についての理解を求めている章で、インドのダルシャナでサーンキャは、その理解が必須であることを示している。

1. アルジュナよ。プラクリティは、マハット・ブラフマ、種を宿した子宮であり、そこからすべてのものが生まれる。
　　　　　　　　　　　　　　　　　　　　（14−3）

मम योनिर्महद्ब्रह्म तस्मिन्गर्भं दधाम्यहम् ।
ママ・ヨーニルマハッド ブラフマ・タスミンガルバム・ダダーミャハム
संभवः सर्वभूतानां ततो भवति भारत ॥ (१४ - ३)
サムバヴァハ・サルヴァブーターナーム・タトー・バヴァティ・バーラタ

　（註）मम 私の、योनिः 子宮、महत् - ब्रह्म ムーラプラクリティ、तस्मिन् その中に、गर्भम् 種、दधामि 宿す、अहम् 私は、संभवः 誕生、सर्वभूतानाम् すべての生きもの、ततः そこから、भवति 存在の源、भारत アルジュナよ、

　拙著『サーンキャとヨーガ』で詳述したとおり、サーンキャ・ダルシャナでは、プルシャの一瞥があるとエネルギーの源、プラクリティの展開が始まる。ここでは、サーンキャカーリカーでムーラプラクリティと表現したことを**マハット・ブラフマ** (महत् - ब्रह्म)、即ち、**種を宿した子宮**として表現し、ここから展開・創造が始まる説明となっている。ヴェーダーンタ・ダルシャナでは、ブラフマン1つなので、創造におけるエネルギーを**マハット・ブ**

155

ラフマと表現したことに特に注意してほしい。このことは、明らかに「ブラフマ・スートラ」で批判されたサーンキャ・ダルシャナのプラクリティのことを受け入れ、ブラフマンのエネルギーのアスペクトを表現を変えてマハット・ブラフマとしている。

2. アルジュナよ。プラクリティは、サットヴァ、ラジャ、タマの3グナから成り、身体に固着していて束縛する。(14-5)

सत्त्वं रजस्तम इति गुणाः प्रकृतिसम्भवाः ।
サットヴァム・ラジャスタマ・イティ・グナーハ・プラクリティサムバヴァーハ
निबध्नन्ति महाबाहो देहे देहिनमव्ययम् ॥ (१४ - ५)
ニバンダンティ・マハーバーホ・デーヘー・デーヒナマヴィヤヤム

(註) सत्त्वम् サットヴァ、रजः ラジャ、तमः タマ、इति これら、गुणाः 3グナ、प्रकृति - सम्भवाः プラクリティから生まれ、निबध्नन्ति 縛る、महाबाहो アルジュナよ、देहे 身体の中、देहिनम् 〜から成る、अव्ययम् 固着していて破壊できぬ、

3グナは、プラクリティの構成要素である。われわれの身体もそこから生まれたので固着していて破壊することは出来なく3グナに縛られる。サットヴァは、軽く、光り輝く状態、ラジャは刺激的で、興奮させ、常に動き回る状態、タマは、重く、ものごとを覆い隠す状態と考えられ、拙著『サーンキャとヨーガ』の**7.39**頁でふれたように、ランプのように、芯・油・炎が協調して働かねばならず、3グナの混合具合は、一つの機能、あるいは力(パワー)として働く。従って、3グナの数値の割合によって、その人の**意識の状態、心的状態の傾向**が決まる。

バガヴァッドギーター

　この３グナについて深く理解するために、第３章ではスライド式ボリュームのイラストで示したが、ここでは、さらに下図のイラストを参照してほしい。

　図１の左側は、色の３原色であるＲ（赤）、Ｇ（緑）、Ｂ（青）の模式図でコンピューターの液晶ディスプレーなど、この３原色の混合によって２４ビット・フルカラーなら１６７７万色を写し出す。これを右側の３グナの模式図と比較してもらうと、３グナも、同じようにその混合によって様々な**心的状態・気分**を作り出す。そして、いずれかのグナの状態が他のグナの状態より優位になることによって、表１のような心的状態を作り出す。３グナのそれぞれの優位性が第４章（４－１３）で例示した「グナの性向によって選ぶ社会で果たす役割の一般的傾向」の理念型である。（８４頁参照）

図１

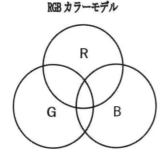

Ｒ（赤）Ｇ（緑）Ｂ（青）３原色の混合により液晶カラー・ディスプレーなどで２４bitフルカラーで１６７７万色を表現できる

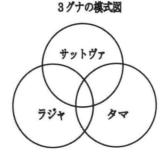

３グナの混合により「心的状態」を作り出す

表1

何れかのグナ優位性による心的状態

サットヴァ
平穏、善良、明朗、快活、慕情、気づき、気取りのなさ、
自制心、慎み深さ、寛容さ、寛大、根気の良さ、配慮の気持ち、
熱意、修練の気持ち、集中力、記憶の良さ、識別力など

ラジャ
野心、野望、活発さ、力強さ、落ち着きのなさ、性急な気持ち、怒り、
熱中、貪欲、いらだち、ねたみ、心配、散漫、見せかけ、緊張、
不安、耽溺など

タマ
怠惰、不注意、忘れっぽさ、鈍感さ、理解力のなさ、激昂、眠気、惑い、
悪事のたくらみ、恐怖感、無気力、無関心、誤謬など

そのため、この機能を古代インドにあってはヴァルナ（वर्ण 色）と言い、序説で説明した通りバラモン（白）、クシャトリヤ（赤）、ヴァイシャ（黄）、シュードラ（黒）の4ヴァルナ（4色）として、それぞれのスワダルマ（本務）を、祭式の執行、王族・武士として人民の保護、商業・農工活動、3ヴァルナに尽くすこと、に割り当てた。

ここで、後の**カースト制度**との違いを説明しておこう。Ketkarによれば、カースト caste とは、ラテン語の casts に語源を持つと言われ、もともと浄（pure）の意、スペイン語・ポルトガル語の casta は、血統・種族の意味である。しかしながら、支配者から見れば社会を統治するに当たり、このヴァルナと結びつけて利用すれば、これほど都合のよいものはなく、ジャーティ（生まれ जाति）や世襲制の職業とを結びつけてインド社会に取り入れ定着

させた。特に、シュードラ、及び同様に扱われた女性は、その犠牲者であり、さらに、不可触民は社会の最下層に押しやられ何千年もの間、悲惨な差別を受けた。その解放に尽力したのがインド憲法の父と言われ、自身も仏教に改宗し仏教復興運動で知られるアンベードカルである。彼の死後は、日本人の佐々井秀嶺師が、その後を引き継いだ。山際素男氏の嘆きも理解出来よう。

3. アルジュナよ。これらの中で、サットヴァは、汚れのなさ故、光り輝く、はつらつとした状態であり、幸福と真の知識をもたらす。(14-6)

तत्र सत्त्वं निर्मलत्वात्प्रकाशकमनामयम् ।
タットラ・サットヴァム・ニルマラットヴァーットプラカーシャカマナーマヤム
सुखसङ्गेन बध्नाति ज्ञानसङ्गेन चानघ ॥ (१४ - ६)
スカサンゲーナ・バンダーティ・ギャーナサンゲーナ・チャーナガ

(註) तत्र これらの中で、सत्त्वम् サットヴァは、निर्मलत्वात् その汚れのなさ故、प्रकाशकम् 光り輝き、अनामयम् はつらつとした状態、सुख - सङ्गेन 幸せをもたらす、बध्नाति 状態、ज्ञान - सङ्गेन 真の知識をもたらすことによって、च そして、अनघ アルジュナよ、

ここから表1で示した3グナのそれぞれの状態が説明される。まず、サットヴァの心的状態は、汚れがない故に光り輝く状態であり、すべてが照らし出されているのでクリアなダルシャナ(दर्शनम्)、気づき(完全な理解)が可能である。

英語のevilという語は、古英語で「限度を超えている」という原意から、邪悪とか悪質という意味になる。従って、アナーマヤ

159

ム（अनामयम्）とは、evil の逆、「はつらつとした状態」である。サットヴァ状態の意識は、われわれのブッディに反映して、何もかもが照らし出されて**そのままが見える**（ As it is. ）。**間違っては見えないので幸せをもたらす。**

　サットヴァは、ラグ（रघ）で軽く、一番上に来て、光で表現されることから、神やヴァルナ（色）は白で表現される。

4. アルジュナよ。ラジャは、激烈さ故、何かをしたいという
　 渇望と執着が固着した状態である、ということを知りなさい。
　　　　　　　　　　　　　　　　　　　　　　（14－7）

रजो रागात्मकं विद्धि तृष्णासङ्गसमुद्भवम् ।
ラジョー・ラーガートマカム・ヴィッディ・トゥリシュナーサンガ サムドゥバヴァム
तन्निबध्नाति कौन्तेय कर्मसङ्गेन देहिनम् ॥ (१४ - ७)
タンニバッドゥナーティ・カウンテーヤ・カルマサンゲーナ・デーヒナム

(註) रजः ラジャは、राग - आत्मकम् 激烈さ故の、विद्धि 知りなさい、तृष्ण - सङ्ग - उद्भवम् 渇望と執着の源、तत् それ、निबध्नाति 束縛する、कौन्तेय アルジュナよ、कर्म - सङ्गेन 行為の執着、देहिनम् 固着する、

　ラジャの心的状態は、人の心をかき立てるフィーリングで刺激的、衝動的な欲望、感情の揺さぶり、渇望、執着、もがき苦しむ状態である。従って、すべての行為は、このラジャの状態から起こる。いわば、われわれにとっての人生そのものである。
　４つの人生の目的の最初に、カーマ（काम 欲望）があったが、それは、このラジャ・グナのせいである。われわれは、第４章と第５章で「無私の行為とヨーガ」を見てきたが、私が行為者であ

るという感覚は、このラジャ・グナが優勢であると避けられない。際限のないカーマの状態に陥れられる。

　ラジャは、火の赤、血の赤で表現される。

5. アルジュナよ。だが、タマは、不注意、怠惰、たるみや不活発さといった状態で、気づきのなさを生み、すべての生きものを惑わすということを知りなさい。（１４－８）

> तमस्त्वज्ञानजं विद्धि मोहनं सर्वदेहिनाम् ।
> タマストゥヴ アギャーナジャム・ヴィッディ・モーハナム・サルヴァ アデーヒナーム
> प्रमादालस्यनिद्राभिस्तन्निबन्धाति भारत ॥ （१४ - ८）
> プラマーダーラスヤニドゥラービ スタンニバンダーティ・バーラタ
>
> （註）तमः　タマは、तु　しかし、अज्ञान - जम्　気づきのなさを生む、विद्धि　知りなさい、मोहनम्　惑わす、सर्व - देहिनाम्　すべての生きもの、प्रमाद - आलस्य - निद्राभिः　不注意、怠惰、たるみ、不活発さ、तत्　それ、निबन्धाति　固着し束縛する、भारत　アルジュナよ、

　タマの心的状態は、何に対しても注意深くなく、怠惰で、たるんだ不活発な状態で、気づきは生まれない。従って、見えるものは、いつも幻影に過ぎず惑わされた状態の中で生きることになる。

　しかし、一方でタマは、停止、休息の状態であってこの状態がなければわれわれの頭の中は常に活動し、眠りにも向かわない。ラジャへの偏りは、逆に問題を引き起こす。

　タマは、暗黒、黒で表現される。

　以上のように、本来、サットヴァは「知ること」、ラジャは「活動すること」、タマは「一時停止していること、動かないこと」の

機能として働く。3グナのバランス状態は、毎日、刻々と変化して、われわれの生き方に降りかかる。

6. アルジュナよ。時には、サットヴァが勝り、ラジャ、タマを制する。しかし、ある時は、ラジャがサットヴァやタマより勝るし、また、ある時は、タマがサットヴァやラジャよりも勝って他を制す。（14－10）

रजस्तमश्चाभिभूय सत्त्वं भवति भारत ।
ラジャスタマシュチャービブーヤ・サットヴァム・バヴァティ・バーラタ
रजः सत्त्वं तमश्चैव तमः सत्त्वं रजस्तथा ॥ （१४ - १०）
ラジャハ・サットヴァム・タマシュチャイヴァ・タマハ・サットヴァム・ラジャスタター

(註) रजः ラジャ、तमः タマ、च ～と、अभिभूय ～より勝る、सत्त्वम् サットヴァは、भवति ～より勝る、भारत アルジュナよ、एव まさに、तथा ～も、

3つのグナは、ランプの炎と芯と油の譬えのように、それぞれ競い合い、衝突し、時に協調して働く。しかし、不思議なことに、3グナの生得の状態は変わらないが、その配合は、瞑想が深まりヨーガの状態になるとその人に変化をもたらし次第に変わる。

7. サットヴァからは、真の知識が生じ、ラジャからは、貪りが、タマからは、怠惰、妄想、理解のなさが生まれる。

（14－17）

सत्त्वात्सञ्जायते ज्ञानं रजसो लोभ एव च ।
サットヴァーッサッジャーヤテー・ギャーナム・ラジャソー・ローバ・エーヴァ・チャ
प्रमादमोहौ तमसो भवतोऽज्ञानमेव च ॥ (१४-१७)
プラマーダ モーハウ・タマソー・バヴァトー・ギャーナメーヴァ・チャ

(註) सत्त्वात् サットヴァからは、संजायते 生まれる、ज्ञानम् 真の知識、रजसः ラジャから、लोभ 貪り、एव まさに、च そして、प्रमादमोहौ 怠惰と妄想、तमसः タマから、भवतः 生まれる、अज्ञानम् 理解のなさ、च そして、

前述のように、3グナは機能として心やブッディに影響を与える。そのことが、この詩句で述べられていて、サットヴァは、純粋な意識として辺りを照らし（反映し）われわれに深い理解をもたらす。ラジャは、強い欲望から貪りをもたらす。従って、心の動揺が収まることがない。タマは、怠惰、妄想、幻惑、理解のなさをもたらす。真と偽の識別が出来ず、真理を覆い隠す。

8. サットヴァの状態からはより高く、ラジャの状態からは、そこにそのまま留まり、タマの状態からは、さらに下降する。
(14-18)

ऊर्ध्वम् गच्छन्ति सत्त्वस्था मध्ये तिष्ठन्ति राजसाः ।
ウードゥヴァム・ガッチャンティ・サットヴァスター・マドゥイエー・ティシュタンティ・ラージャサーハ
जघन्यगुणवृत्तिस्था अधो गच्छन्ति तामसाः ॥ (१४-१८)
ジャガンニャグナヴリッティスター・アドゥー・ガッチャンティ・ターマサーハ

(註) ऊर्ध्वम् 上へ、गच्छन्ति 行く、सत्त्वस्था サットヴァの状態、मध्ये 真ん中、तिष्ठन्ति 留まる、राजसाः ラジャの状態、जघन्य - गुणवृत्तिस्थाः 低いグナ

163

の機能の状態、अधो 下へ、तामसाः タマの状態は、

現在のグナの状態からの進展と更なる変化の様子が述べられている。それは、より深い気づきの体験と心の動揺の静まり具合、知性の研ぎ澄まされたシャープさについて言っているので、より幸福な喜び、心の平和をわれわれが体験できる。

9. 肉体を纏っている者が、３グナの縛りがなくなると、生、死、衰え、苦痛から自由になり、不朽・不滅に至る。（１４－２０）

गुणानेतानतीत्य त्रीन्देही देहसमुद्भवान् ।
グナーネーターナティーッヤ・トゥリーンデーヒー・デーハサムッドバヴァーン
जन्ममृत्युजरादुखैर्विमुक्तोऽमृतमश्नुते ॥ (१४-२०)
ジャンマムリットユジャラードゥカイヒルヴィムクトームリタマシュヌテー

(註) गुणान् ３グナ、एतान् これら、अतीत्य 超越する、त्रीन् ３、देही 肉体を纏う、देह - सम् - उद्भवान् 進化して、जन्म - मृत्यु - जरा - दुखैः 生、死、衰え、विमुक्तः 自由になり、अमृतम् 不滅、अश्नुते 達する、

われわれに固着の３グナは、良くも悪くもロープであってわれわれを縛る。しかし、われわれが、舞台上の役者であって、演じている自分を役柄を与えられた人物から、観客として楽しみ、眺められるようになると、もはや３グナに囚われない状態となる。
　ここで間違ってはいけないのは、グナを超越するとは、３グナのバランスが調和することではない。３グナの調和は、何も起こらないことであり、私たちの存在もない。

10. 絶対にぶれない深い愛情によってこそ、グナに影響されず
ブラフマンに寄り添える。（１４－２６）

मां च योऽव्यभिचारेण भक्तियोगेन सेवते ।
マーン・チャ・ヨーヴィヤビチャーレーナ・バクティヨーゲーナ・セーヴァテー
स गुणान्समतीत्यैतान्ब्रह्मभूयाय कल्पते ॥ （१४ - २६）
サ・グナーンサマティーッヤイターンブラフマブーヤーヤ・カルパテー

(註) माम् 私に、च そして、यः ～であるところの、अव्यभिचारेण ぶれない、भक्तियोगेन 深い愛情によって、सेवते 献身する、सः 彼、गुणान् ３グナ、समतीत्य 超える、एतान् これら、ब्रह्म - भूयाय ブラフマンと、कल्पते 寄り添う、

11. 何故なら、私、ブラフマンは、不滅、不変、永遠のダルマ、
完全なる至福の状態だから。（１４－２７）

ब्रह्मणो हि प्रतिष्ठाहममृतस्याव्ययस्य च ।
ブラフマノー・ヒ・プラティシュターハマムリタスヤーヴィヤヤスヤ・チャ
शाश्वतस्य च धर्मस्य सुखस्यैकान्तिकस्य च ॥ （१४ - २७）
シャーシュチャタスヤ・チャ・ダルマスヤ・スカシャイカーンティカスヤ・チャ

(註) ब्रह्मण ブラフマンの、हि まさに、प्रतिष्ठा 住まい、अहम् 私、अमृतस्य 不滅、अव्ययस्य 不変、च そして、शाश्वतस्य 永遠、धर्मस्य ダルマ、सुखस्य 至福の、एकान्ति - कस्य 完全な

誰に対しても差別のない深い愛情、思いやり、恩寵に対する神への感謝と同じような愛の気持ちを持つことが献身である。その気持ちのぶれのなさはグナを超越してはじめて得られる。

第1部　バガヴァッドギーター入門

第15章　プルシャ・ウッタマとヨーガ

　第15章は、プルシャ・ウッタマ・ヨーガ（पुरुषोत्तमयोग）である。この章では、永遠の存在を**プルシャ・ウッタマ**と、その対比に束の間のシンボルとして、この世界（ジャガット जगत्）を「逆さまになったインド菩提樹」として登場させている。

1. この世は、インド菩提樹に似て、不滅の根は頂点に、枝々は
　　下に向かう。葉はヴェーダ。ヴェーダの理解者は、これを知る。
　　　　　　　　　　　　　　　　　　　　（15－1）

　　ऊर्ध्वमूलमधः शाखमश्वत्थं प्राहुरव्ययम् ।
　　ウールドゥヴァムーラマダハ・シャーカマシュヴァッタム・プラーフラヴィヤヤム
　　छन्दांसि यस्य पणानि यस्तं वेद स वेदवित् ॥ (१५-१)
　　チャンダーンシ・ヤスヤ・パナーニ・ヤスタム・ヴェーダ・サ・ヴェーダヴィット

　　　（註）ऊर्ध्वम् - मूलम्　根は上に、अधःशाखम्　枝々は下に、अश्वत्थम्　インド菩提
　　　樹、प्राहुः　～言われている、अव्ययम्　不滅の、छन्दांसि　ヴェーダ、यस्य　そ
　　　の、पणानि　葉、यः　～であるところの、तम्　その、वेद　知る、सः　彼は、
　　　वेदवित्　ヴェーダを知る、

全く同じ内容の詩句が、KathUp の（2－3－1）にある。

不滅の根が頂点にあり、枝々が下にある樹がある。根はブラフマン、聖・清浄にして不滅。宇宙はその中に内包され、それを超える存在はない。（2－3－1）

ऊर्ध्वमूलोऽवाक्शाख एषोऽश्वत्थः सनातन ।
तदेव शुक्रं तद्ब्रह्म तदेवामृतमुच्यते ।
तस्मिँल्लोकाः श्रिताः सर्वे तदु नात्येति कश्चन ॥२-३-१॥

「マハーバーラタにないものはない」と豪語したようにヴェーダ、ウパニシャッドの、いわばコメンタリーとして、その内容はここに流れてきている。

いずれにしても、原因が結果に先立つわけで、根源としてのブラフマンのない創造や展開、変容はありえないことを強調している。

2. グナを養分に、枝々は、上下に伸び、（やがて実となる）蕾はわれわれの目を楽しませ、活動を生み出す根は張り巡らされていく。（15-2）

अधश्चोर्ध्वं प्रसृतास्तस्य शाखागुणप्रवृद्धाविषयप्रवालाः ।
アダシュチョールドゥヴァム・プラッスリタースタスヤ・シャーカーグナ
プラヴリッダーヴィシャヤプラヴァーラーハ
मूलान्यनुसंततानि कर्मानुबन्धीनि मनुष्यलोके ॥ （१५-२）
ムーラーンニャヌサンタターニ・カルマーヌバンディーニ・マヌシャヤローケー

（註）अधः 下に、च そして、ऊर्ध्वम् 上に、प्रसृता 伸張する、तस्य その、शाखाः 枝々、गुणप्रवृद्धा ３グナを養分として、विषयप्रवालाः 蕾は目を楽しませる、मूलानि 根っこ、अनुसंततानि 延ばしていく、कर्मानुबन्धीनि 活動の源、मनुष्यलोके 人のこの世に、

ここで象徴されている「インド菩提樹」のアシュヴァッタ

(अश्वत्थम्) とは、ア・シュヴァ (अश्व)「明日まで〜ない」＋スタ (स्थ)「そのままの状態」で、「明日は、そのままの状態ではない」、つまり、「この世は常に変化し続けていて、束の間」がこの世界という意味である。通常であれば、樹は根から養分を吸い上げて成長していくのに樹が逆さまになっているのは、この世界が根源であるブラフマンを頂点（ウールドゥヴァ ऊर्ध्वम्）として、下の方向へと展開するからである。従って、前章で詳しく述べられた3グナの混合状態が、いわば樹の養分であり、繁った葉は欲望（カーマ काम）を、咲き誇る花は、その活動（カルマ कर्म）を、果実は、その成果（カルマパラ कर्मफल）として描かれている。しかし、いずれも「明日は、同じ状態ではありえない」ので、この世は幻想（マーヤー माया）、特に、活動の成果は、快楽と苦しみを生む。変化しないのは、根源であるブラフマンのみである。

3. この世界では、この樹の本当の姿はよく分からない。その始まり、終わり、存在も。強靭な根っこを持つこの樹を真理という並外れた斧で超然と切り倒せ。（１５－３）

न रूपमस्येह तथोपलभ्यते नान्तो न चादिर्न च संप्रतिष्ठा ।
ナ・ルーパマスイェーハ・タトーパラビヤテー・ナーントー・ナ・チャーディルナ・チャ・サンプラティシュター
अश्वत्थमेनं सुविरूढमूलम् असङ्गशस्त्रेण दृढेन छित्त्वा ॥ （१५ - ३）
アシュヴァットダメーナム・スヴィルーダムーラム・アサンガシャストレーナ・ドゥリデーナ・チットヴァー

（註）न 〜でない、रूपम् 形、अस्य その、इह ここ、तथा それ自体、उपलभ्यते 分かる、अन्तः 終わり、च 〜も、आदिः その起源、च 〜も、संप्रतिष्ठा 基

盤、अश्वत्थम् インド菩提樹、एनम् この、सुविरूढमूलम् 強靭な根っこ、असङ्गशस्त्रेण 執着のない斧、दृढेन 並外れた、छित्त्वा 切り倒す、

この世の中は、幻想と欲望による強い執着に充ち満ちている。それをこのアシュヴァッタという樹で象徴させている。この詩句は、それを真理の斧で切り倒せといっている。強力な根っことは限りない欲望と執着である。

4. 私は、すべての生きものの中に、消化にかかわる火として存在し、プラーナとアパーナと共に4通りの食べ方を通して消化を助ける。(15-14)

अहं वैश्वानरो भूत्वा प्राणिनां देहमाश्रितः ।
アハム・ヴァイシュヴァーナロー・ブーットヴァー・プラーニナーム・デーハマーシュリタハ
प्राणापानसमायुक्तः पचाम्यन्नं चतुर्विधम् ॥ (१५-१४)
プラーナーパーナサマーユクタハ・パチャーミャンナム・チャトゥルヴィダム

(註) अहम् 私は、वैश्वानरः 火と、भूत्वा なって、प्राणिनाम् 生きもの、देहम् 身体、आश्रितः 住む、存在する、प्राणापानसमायुक्तः プラーナ、アパーナと共に、पचामि 消化する、अन्नम् 食物、चतुर्विधम् 4通り、

火は、インドでは特に神への感謝の気持ちを表す火の供犠として非常に重要であり、ここでは、ヴァイシュワーナラ (वैश्वानरः) という消化に関わる火を意味している。食べ物をいただく場合に「いただきます」という感謝の気持ちの言葉同様、インドではこ

の詩句は、よく唱えられる。

　4通りの食べ方とは、①噛む ②飲み込む ③すする ④なめる 動作のいずれか、という意味で、5気のうちのプラーナとアパーナは、飲み込み、嚥下、消化、吸収、排泄に関わる。

5. 私は、すべての者のハートに鎮座し、学びに必要な記憶、理解、忘れることは、私を根源とする。4ヴェーダによって知られるべきは私のことであり、ヴェーダーンタ（ウパニシャッド）の作者である私こそ、それを理解せる者である。

　　　　　　　　　　　　　　　　　　　（15－15）

सर्वस्य चाहं संनिविष्टो मत्तः समृतिर्ज्ञानमपोहनं च ।
サルヴァスヤ・チャーハム・サンニヴィシュトー・マッタハ・サムリティルギャーナマポーハナム・チャ
वेदैश्च सर्वैरहमेव वेद्यो वेदान्तकृद्वेदविदेव चाहम् ॥ (१५-१५)
ヴェーダイシュチャ・サルヴァイラハメーヴァ・ヴェードゥヨー・ヴェダーンタ
クリドゥヴェーダヴィデーヴァ・チャーハム

　　（註）सर्वस्य すべての、च ～も、अहम् 私、हृदि ハートに、संनिविष्टः 鎮座し、मत्तः 私から、समृतिः 記憶、ज्ञानम् 理解、अपोहनम् 忘却、च ～も、वेदैः ヴェーダによって、च ～も、सर्वैः すべての、अहम् 私、एव ～こそ、वेद्यः 知るべき、वेदान्तकृत् ヴェーダーンタの作者、वेदवित् ヴェーダを理解する者、एव ～こそ、च そして、अहम् 私、

　根源としてのブラフマンが描かれている。学ぶために必要なことがらが特に重要で、記憶と理解はすぐに分かるであろうが、忘れることも非常に重要である。そうでないと知識で満杯になり、

もっとも必要な気づきがなくなってしまう。また、ヴェーダーンタの作者とは、第２部のプールヴァミーマーンサーでふれるが、アパウルシェーヤ（अपौरुषेयम्）、つまり、人の著作ではない。ヴェーダーンタの作者とは、そのことを言っている。

6. 以上で、私は最も深い科学的な秘密の教えをお前に伝えた。アナガよ。これを理解すれば、人は賢くなり、すべての果たすべき義務は完遂する。（１５−２０）

इति गुह्यतमं शास्त्रमिदमुक्तं मयानघ ।
イティ・グヒャタマム・シャーストラミダムクタム・マヤーナガ
एतद्बुद्ध्वा बुद्धिमान्स्यात्कृतकृत्यश्च भारत ॥ (१५ - २०)
エータッド・ブッドゥヴァー・ブッディマーンスヤートクリタクリッティヤシュチャ・バーラタ

(註) इति 以上、गुह्यतमम् 最も秘密の、शास्त्रम् 科学的な教え、इदम् この、उक्तम् 教えられた、मया 私によって、अनघ 心静かで、細心の注意深さ、एतत् この、बुद्ध्वा 賢い、बुद्धिमान् 〜になる、कृतकृत्यः すべての義務を完遂する、च そして、भारत アルジュナよ、

賢明でない者は、欲望に基づきとんでもないことをやらかしてしまう。そして、やってしまった後で、深い後悔を生む。「アナガ（अनघ）よ。」と呼びかけているところに注意してほしい。文字通りに訳せば、「罪なき者よ」ということであるが、スワミ・チンマヤナンダは、罪とは、湧き起こるフィーリングそのもの、想念や行為そのもののことである、と言っている。そして、アナガとは、心静かな、しかし、回りに油断なく細心の注意を向けている人の

ことである。この詩句のように、賢明な人とは、幻想の樹を切り倒し、真理を深く理解した人のことである。

第16章　神とアスラの対比とヨーガ

第16章は、「神性とアスラ（悪魔的性向）の対比とヨーガ」、ダイヴァ・アスラ・サムパッド・ヴィバーガ・ヨーガ（देवासुरसम्पद्विभागयोग）である。この章では、この2つの性向を（16－1）〜（16－3）で前者を、続く（16－4）で後者を対比させて述べている。

1. 恐怖のなさ、心の清さ、ヨーガを理解した状態の安定さ、慈善、心の揺れのなさ、感謝の意を捧げる気持、ヴェーダの学習、清貧、正直さ、（16－1）

   अभयं सत्त्वसंशुद्धिर्ज्ञानयोगव्यवस्थितिः ।
   アバヤム・サットヴァサンシュッディルギャーナヨーガ・ヴィヤヴァスティティヒ
   दानं दमश्च यज्ञश्च स्वाध्यायस्तप आर्जवम् ॥ (१६ - १)
   ダーナム・ダマシュチャ・ヤギャシュチャ・スヴァーディヤーヤスタパ・アールジャヴァム

   (註) अभयम् 恐れのなさ、सत्त्वसंशुद्धिः 心の清さ、ज्ञानयोगव्यवस्थितिः ギャーナヨーガに基づく安定、दानम् 感覚器官の静止、दमः 、च そして、यज्ञः 感謝の祈り、स्वाध्यायः 自己を知る学習、तपः 真理の学習、आर्जवम् 正直さ、

2. 他を傷つけない、真実を語る、怒りのなさ、執着のなさ、心の静けさ、ひねくれのなさ、生きものに対する思いやり、貪欲のなさ、優しさ、謙譲、人を惑わさないこと、（16－2）

अहिंसा सत्यमक्रोधस्त्याग शान्तिरपैशुनम् ।
アヒンサー・サットヤマクロー ダ スッツヤーガ・シャーンティラパ イシュナム
दया भूतेष्वलोलुप्त्वं मर्दवं ह्रीरचापलम् ॥ (१६ - २)
ダ ヤー・ブ ー テシュワロールプットヴ ァム・マルヴ ァム・フリーラチャーパ ラム

(註) अहिंसा 非暴力、सत्यम् 真実、अक्रोधः 怒りのなさ、त्यागः 執着のなさ、शान्तिः 安らかさ、अपैशुनम् ひねくれのなさ、दया 穏和、भूतेषु 生きものに対して、अलोलुप्त्वं 貪欲のなさ、मर्दवम् 温和、ह्रीः 謙虚さ、अचापलम् 人を惑わさないこと、

3. 活力、寛容さ、剛毅、清浄さ、嫌悪の情のなさ、謙遜、以上が、アルジュナよ、生まれた時、神性の備わった者と言える。
(16−3)

तेजः क्षमा धृतिः शौचमद्रोहो नातिमानिता ।
テージ ャハ・クシャマー・ド ゥリティヒ・シャウチャマド ゥローホー・ナーティマーニター
भवन्ति संपदं दैवीमभिजातस्य भारत ॥ (१६ - ३)
バ バ ンティ・サンパ ダ ム・ダ イヴ ィーマビ ジ ャータスヤ・バ ーラタ

(註) तेजः 活力、क्षमा 寛容さ、धृतिः 剛毅、शौचम् 清浄さ、अद्रोहः 嫌悪の情のなさ、न 〜でない、अतिमानिता 謙譲、भवन्ति 〜である、संपदम् 状態の、備わった、दैवीम् 神性、अभिजातस्य 生まれの、भारत アルジュナよ、

　以上、神性という性質・気質が備わって生まれたものの特質が述べられた。次句は、その反対で、悪魔的な性質、気質が述べられる。

第1部　バガヴァッドギーター入門

4．アルジュナよ。偽善、欺瞞、慢心、憤怒、残酷さ、無知、これらは悪魔的な性質を持って生まれた者の特徴と言える。

（１６－４）

दम्भो दर्पोऽभिमानश्च क्रोधः पारुष्यमेव च ।
ダムボー・ダルポービ マーナシュチャ・クローダハ・パールシュヤメーヴァ・チャ
अज्ञानं चाभिजातस्य पार्थ संपदमासुरीम् ॥ (१६ - ४)
アギャーナム・チャービ ジャータスヤ・パールタ・サムパダ マースリーム

(註) दम्भः　偽善、दर्प　欺瞞、अभिमानः　慢心、च　そして、क्रोधः　憤怒、पारुष्यम्　残酷さ、एव　まさに、च　しかも、अज्ञानम्　無知、च　さらに、अभिजातस्य　の生まれの、पार्थ　アルジュナよ、संपदम्　状態の、आसुरीम्　悪魔的、

　この悪魔的な性質・気質を持つ者が、その悪知恵や財力、権力を行使する時、その使い方によって次の２つに分けられる。それを自己満足のために使う者はアスラ（असुरः）とされ、それを他に向けて危害を加える者はラークシャシャサ（राक्षसः）と言っている。

　以上の詩句をまとめた「神性と悪魔的性質・気質」の一覧表を次に掲げる。

神性と悪魔的性質・気質

神性	悪魔的性質
恐怖のなさ	偽善
清らかさ	欺瞞
安定性	憤怒
慈善	残酷さ
心の揺れのなさ	無知
感謝の捧げ	争い好き
真理の学習	暴力的
他を傷つけない	
怒りのなさ	
真実を語る	
執着のなさ	
寂静	
他を中傷しない	
思いやり	
清貧	
優しさ	
謙譲	
変わらぬ落ち着き	
活力	
寛容さ	
勇気	
清浄	
品位	

5. 官能的欲望、怒り、貪欲の3つは、地獄の門である。
　この地獄に堕ちないためには、なすがままにしてはならぬ。
　　　　　　　　　　　　　　　　　　　　（16－21）

त्रिविधं नरकस्येदं द्वारं नाशनमात्मनः ।
トゥリヴィダム・ナラカスイェダム・ドゥヴァラーム・ナーシャナマートマナハ
कामः क्रोधस्तथा लोभस्तस्मादेतत्त्रयं त्यजेत् ॥ (१६-२१)
カーマハ・クローダ スタター・ローバ スタスマーデータットラヤム・トゥヤジェート

（註）त्रिविधम् 3つの、नरकस्य 地獄の、इदम् この、द्वारम् 門、नाशनम् 破壊的な、आत्मनः 自己の、कामः 官能的欲望、क्रोधः 怒り、तथा 〜も、लोभः 強欲、貪欲、तस्मात् 故に、एतत् この、त्रयम् 3つ、त्यजेत् 遺棄する、

　これらは、すべて心の創り出す幻影、マーヤーである。ある欲望が結果として満たされれば、さらなる欲望が次々と湧き起こる。うまくいかなければ、怒りが生じる。この悪循環は、すべて心の創り出す想念、幻想から起こる。

第17章　3つのグナに基づく信念とヨーガ

　第17章は、シュラッダー・トラヤ・ヴィバーガ・ヨーガ（श्रद्धात्रयविभागयोग）、つまり、「3グナに基づく信念とヨーガ」である。この章では、3つのグナ（色）の優位性による各自の性向は、何をどのように信頼して活動を行なうのかを、分析している。その時、大きな要因となるのは、人そのものをつくる食物である。既に見てきた（6－16）と密接に関連するので参照してほしい。

1. 人それぞれの信頼は、各自の（３グナの優位性に基づく）性向による。信頼の中に人はあり、人の信頼とは、人そのものである。（１７－３）

सत्त्वानुरूपा सर्वस्य श्रद्धा भवति भारत ।
サットヴァーヌルーパ・サルヴァスヤ・シュラッダー・バヴァティ・バーラタ
श्रद्धामयोऽयं पुरुषो यो यच्छ्रद्धः स एव सः ॥ (१७ - ३)
シュラッダーマヨーヤム・プルショー・ヨー・ヤッチャラッダーハ・サ・エーヴァ・サハ

(註) सत्त्वानुरूपा 性向による、सर्वस्य 各自の、श्रद्धा 信頼、भवति ～である、भारत アルジュナよ、श्रद्धामयः 信頼による、अयम् この、पुरुषः 人、यः ～であるところの人、यद् श्रद्धः 信頼とは、सः 彼、एव まさに、そのもの、सः 彼、

　３グナを４ヴァルナ（色）の白、赤、黄、黒のグラデーションと考えれば、サットヴァを白、ラジャを赤、タマを黒とすることが可能である。そうすれば、３グナの優位性から、次の３種の信頼が考えられる。つまり、サートヴィックな性向と共にある人の信念、ラージャシックな性向と共にある人の信念、ターマシックナ性向と共にある人の信念、それぞれに基づいて人は行動する。それが次の詩句である。

2. 食べ物についても、祭祀・供犠についても、自己を知る学習・修練についても、布施・贈り物についても、サートヴィック、ラージャシック、ターマシックな人、それぞれに信頼に基づく行動に差がある。それを聴きなさい。（１７－７）

आहारस्त्वपि सर्वस्य त्रिविधो भवति प्रियः ।
アーハーラストゥ・アピ・サルヴァスヤ・トゥリヴィドー・バヴァティ・プリヤハ
यज्ञस्तपस्तथा दानं तेषां भेदमिमं शृणु ॥ (१७-७)
ヤギャスタパスタター・ダーナム・テーシャーム・ベーダミマム・シュリヌ

（註）आहार 食べ物、तु まさに、अपि 〜も、सर्वस्य すべての、त्रिविधः 3つ、भवति ある、प्रियः 選択、यज्ञः 祭祀、供犠、तपः タパ、自己を知る学習・修練、तथा 〜も、दानम् 布施、贈り物、तेषाम् これら、भेदम् 差、इमम् この、शृणु 聴きなさい、

　3つのグナの優位性に基づいたサートヴィックな人、ラージャシックな人、ターマシックな人それぞれは、何をどのように信頼し信念として行動するか、①食べ物、②祭祀・供犠、③タパ（自己を知る学習）、④布施・贈り物について、信念に基づく行動に差が生じる。次句から、そのひとつひとつについて説明がなされる。

3. 食べ物は、生命力を高め、清浄さを生み、身体を強靭にし、健康と快活な喜びをもたらす。サートヴィックな人は、塩、胡椒のきいたもの、油もの、固いもので、胃に合うものを食することを好む。（17－8）

आयुः सत्त्वबलारोग्यसुखप्रीतिविवर्धनाः ।
アーユフ・サットゥヴァバラーローギャスカプリーティヴィヴァルダナーハ
रस्याः स्निग्धाः स्थिरा हृद्या आहाराः सात्त्विकप्रियाः ॥ (१७-८)
ラスヤーハ・ストゥリグダーハ・スティラー・フリダヤー・アーハーラーハ・サートゥヴィカプリヤーハ

（註）आयुः - सत्त्व - बल - आरोग्य - सुख - प्रीति - विवर्धनाः 生命力高め、清浄さを生み、身体を強く健康に、快活に、喜びに、रस्याः 塩・胡椒の

利いた、स्निग्धाः 油もの、स्थिराः 固いもの、हृद्याः 胃に合う、आहाराः 食物、सात्त्विकप्रियाः サトヴィックな人の好み、、

　(6-16)で詳述したように、食物は、どんな食材を、どのように調理して、いかに食べるかということが重要である。食物とその食べ方は、3グナの配分と優位性にも影響を与え、身体のみならずその人の心・ブッディにも変化をもたらす最も重要な要素である。**浄・不浄**という考えは、食物やその食べ方から現れる。

4. ラージャシックな人は、苦く、酸っぱく、塩辛く、激辛の刺激性のある、水気のないものを好むが、度をすぎると、苦痛や悲しみを生み、病気になりがちである。(17-9)

कट्वम्ललवणात्युष्णतीक्ष्णरूक्षविदाहिनः ।
カットゥヴ アムッララヴ アナートゥユシュナティークシャナルークシャヴィダーヒナハ
आहारा राजसस्येष्टा दुःखशोकामयप्रदाः ॥ (१७-९)
アーハーラー・ラージャサスィェシュター・ドゥフッカショーカーマヤプラダーハ

（註）कटुः 苦い、अम्ल 酸っぱい、लवणः 塩辛い、अत्युष्ण 激辛、तीक्ष्णः 刺激のある、रूक्षः 乾いた、विदाहि 燃えるような、आहाराः 食物、राजसस्य ラージャシックな人、इष्टाः 好む、दुःखशोकामयप्रदाः 苦痛、悲しみ、病気を生む、

　ラージャシックな人の食べ物の傾向を述べている。強い香り、濃い味、激辛など刺激性のある食べ物や調理法を好むので、パワフルなエネルギーに満ち、次々と湧き起こる欲望によって、絶え間ない活動をするが、反面、健康を害して病気になることが多い。

5. ターマシックな人は、新鮮でない、味のない、臭いの良くない、腐りかけの食べ物や他人の食べ残しでも平気である。
(17－10)

यातयामं गतरसं पूति पर्युषितं च यत् ।
ヤータヤーマム・ガタラサム・プーティ・パルユシタム・チャ・ヤット
उच्छिष्टमपि चामेध्यं भोजनं तामसप्रियम् ॥ (१७-१०)
ウッチシュタマピ・チャーメドゥヤム・ボーシャナム・ターマサプリヤム

(註) यातयामम् 新鮮でない、गतरसम् 味のない、पूति 腐敗した、पर्युषितम् 腐りかけた、च そして、यत् ～であるところの、उच्छिष्टम् 食べ残し、अपि ～も、अमेध्यम् 不純な、भोजनम् 食物、तामसप्रियम् ターマシックな人は気にしない、

ターマシックな人は、臭いや味覚（ラサ रस）に鈍感なので、食物の新鮮さがよく分からない。従って、腐りかけの食べ物や、他人の食べ残しでも平気で食べる。身体や精神に影響を及ぼす、一番重要な食に対する重要性が理解出来ず、不純・不浄な人と言われる理由になる。

次句から、ヨーガの実践方法であるタパ（तपः）、即ち、自己を知る学習・修練として身体、言葉、心に関する**最も重要な３つの実践方法**が説かれる。

6. 身体に関するタパとは、（山、川などの）自然、徳があり高尚な人、（精神的な師である）グル、（目上の人などの）賢者に尊敬の念を持ち、清く、正直で、知的、他を傷つけないことである。(17－14)

देवद्विजगुरुप्राज्ञ पूजनं शौचम् आर्जवम् ।
デーヴァドゥヴィジャグルプラーギャ・プージャナム・シャウチャム・アールジャヴァム
ब्रह्मचर्यम् अहिंसा च शारीरं तप उच्यते ।। (१७-१४)
ブラフマチャルヤム・アヒンサー・チャ・シャーリーラム・タパ・ウッチャテー

> （註）देव （山、川などの）自然、द्विज 徳があり高尚な人、गुरु グル、प्राज्ञ 賢者、पूजनम् 尊敬の念、शौचम् 清く、आर्जवम् 正直、ब्रह्मचर्यम् 知的、अहिंसा 他を傷つけない、च そして、शरीरम् 身体、तपस् タパ、उच्यते 〜と言われる、

　タパ（तपस्）とは、本来、heat（熱）の意であるが、英語では、austerity（禁欲）、penance「苦行」とか、pray「祈り」、meditation「瞑想」などと訳されることが多い。このように、タパには、いろいろな意味があるので、ここでは、「実践」としておく。まず、第1は、「身体に関するタパ」である。この詩句のドゥヴィジャ（द्विज）とは、文字通り「2度生まれる」という意味であるが、「自己に目覚めた人」のことである。つまり、1度は、母の子宮から生まれるが、「真理に目覚めた」時が、2度目の誕生とされ、このように言われる。（34頁〜35頁参照）グルは、精神的な指導者で、われわれを導いて下さる師、目上の人などの賢者は、長寿に恵まれ豊富な人生体験にあふれた人である。以上、いずれも、畏敬の念、崇敬の念は、自然に湧くものであろう。

7. 言葉に関するタパとは、人の心を乱さない、誠意のある、快く響く、有益な言葉を話し、日頃、聖典を繰り返し唱えることである。（17−15）

अनुद्वेगकरं वाक्यं सत्यं प्रियहितं च यत् ।
アヌドヴェーガ カラム・ヴァーキャム・サットヤム・プリヤヒタム・チャ・ヤット
स्वाध्यायाभ्यसनं चैव वाङ्मयं तप उच्यते ।। (१७ - १५)
スワードヤーヤービャサナム・チャイヴァ・ヴァーンマヤム・タパ・ウッチャテー

(註) अनुद्वेगकरम् 心を乱さない、वाक्यम् 言葉、सत्यम् 誠意、प्रिय 快い、हितम् 有益な、यद् 〜であるところの、स्वाध्याय 聖典の詠唱、अभ्यसनम् 繰り返し、एव まさに、वाङ्मयम् 言葉が形作る、तपस् タパ、उच्यते 〜と言われる、

　リグヴェーダによれば、言葉は、4段階を通って洞窟の外に出てくる、と言う。そのプロセスとは、1．パラー (परा)　→　2．パッシャンティー (पश्यन्ती)　→　3．マディヤマー (मध्यमा) → 4．ヴァイカリー (वैखरी) である。このプロセスが言語であって、発声者の音声が相手の人の耳に届いた時に、聴者に何らかのイメージが湧く。それが言葉の意味である。ラマナ・マハルシは、沈黙の聖者と言われたが、われわれの心が完全に静まった時、われわれの意識の中に、言葉は発生せず、どのようなイメージも湧かない。逆に、言葉やイメージが湧くときは、心が動いている証拠である。身体に関するタパの方法が示されたが、インドでは、概念や理念をまったく持たない唯一の聖音オーム（ॐ OṂ）を発声することで、沈黙（マウナ・मौन　Silence）に至る実践方法がある。言葉は、その人の思考が、相手にぶつけられるので、心を乱さない、誠意のある、快く響く言葉で話さなければならない。手足や筋肉を動かす運動に限らず、言語の発生、特に、不要なお喋りは、膨大なエネルギーを費やすので、心しなければならない。

昨今は、スマートフォンなどの電子機器が普及し、人は、常に喋りまくり、飛び交う音声と、画像や動画、文字情報の渦の中にいて、翻弄されている。ツイッター、フェイスブック、インスタグラム、ラインなど、遮断できるものは、自分で選択しないと自己を破壊してしまう。

静かな場所、例えば、ラマナ・マハルシのアシュラムに滞在すると、新聞もテレビもインターネットも、スマートフォンもない環境に置かれ、いかに無意味な情報にさらされているかが分かる。これらがなくとも、人間として大切なことがらには、いささかも困らないのである。それに気づくことが現代の環境にあって、まず第一歩であろう。

8．心に関するタパとは、落ち着いた心、思いやりの心、寡黙で、慎み深い、清らかな心を持つことである。（17－16）

मनःप्रसादः सौम्यत्वं मौनम् आत्मविनिग्रहः ।
マナハプラサーダハ・サウミャトヴァム・マウナム・アートマヴィニグラハハ
भावसंशुद्धिर् इत्य् एतत् तपो मानसम् उच्यते ॥ (१७ - १६)
バーヴァサンシュッディル・イティア・エータット・タポー・マーナサム・ウッチャテー

（註）मनस् 心、प्रसादस् 落ち着いた、सौम्यत्वम् 思いやりの、मौनम् 寡黙、आत्मविनिग्रहस् 慎み深い、भावसंशुद्धिस् 清らかな、इति かくして、एतद् この、तपस् タパ、मानसम् 心の、उच्यते ～と言われる、

「身体に関するタパ」、「言葉に関するタパ」によって、落ち着いた心が形成され、清らかな心、慎み深い心が育ってくる。そして、最後に「心に関するタパ」のひとつにジャパがある。この場合は、

上述の言語のプロセスを逆に辿ることになる。例えば、シュリー・クリシュナハ・シャラナム・ママ（श्री कृष्णः शरणम् मम ।）と唱えるなら、ヴァイカリー → マディヤマー → パッシャンティー（ウパーンシュ） → パラー 、具体的には、１．周りの人にも聞こえる位の音声で　２．低い音声で　３．呟くように　４．心の中でと対応させる。つまり、言語の発生するプロセスを逆へと辿り、パラー（言語の根源）へと到達する。ここは、ナーダ・ブラフマという静寂である。J・E・ベーレントは、「存在するものの根源をなす音」、「存在するもの自体」と言っている。

第１８章　モークシャとヨーガ

いよいよ最終章の第１８章である。目次の題名は、モークシャ・サンニャーサ・ヨーガ（मोक्षसंन्यासयोग）。「モークシャ」も「サンヤーサ」も、また、ッヤーガ（त्याग）も同意で、いずれも「すべてのことがらからの自由」という意味である。

第１４章と第１７章で述べられた３グナとそのいずれかの優位性の信頼・信念によって、人はサートヴィック、ラージャシック、ターマシックな行動をする。行動すれば、必ず行為の結果が生まれ、① 望み通りの結果 ②望み通りでない結果 ③この両者が混合した結果 の３通りが起こる。

この章では、３グナのサットヴァ（白）、ラジャ（赤）、タマ（黒）の混合による優位性から各自の性向として、マハーバーラタのシャーンティ・パルヴァにおいて、ブリグとバラドワージャの口から述べられたことと対比して再度示し、それを各自に割り当てられた義務としている。

序説では原文を示さなかったので、その部分をもう一度、最初に見ておこう。

気質（意識の顕れ方）を色で示せば、バラモンは白、クシャトリヤは赤、ヴァイシャは黄、そして、シュードラは黒である。
（5）

ब्राह्मणानां सितो वर्णः क्षत्रियानां तु लोहितः ।
वैश्यानां पीतको वर्णः शूद्रानामसितस्था ॥ （५）

色だけで、この4つを区別しても、実際は色は混合していることになる。（6）

चातुर्वर्ण्यस्य वर्णेन यदि वर्णो विभिद्यते ।
सर्वेषां खलु वर्णानां दृश्यते वर्णसंकरः ॥ （६）

1. この地における生きもの、神々の住む天界においても、プラクリティの3グナから無関係でいられるものはない。
（18−40）

न तदस्ति पृथिव्यां वा दिवि देवेषु वा पुनः ।
ナ・タダ ｽティ・プリティヴ ｨヤーム・ヴ ｧー・ディヴ ｨ・デ ｰヴ ｪーシュ・ヴ ｧー・プ ﾅハ
सत्त्व प्रकृतिजैर्मुक्तं यदेभिः स्यात्त्रिभिर्गुणैः ॥ （१८ − ४०）
サットヴ ｧ・プ ﾗクリティジ ｬイルムクタム・ヤデ ｰビ ﾋ・スヤーットリビ ﾞルグ ﾅイヒ

（註）न ない、तत् その、अस्ति 〜である、पृथिव्याम् この地、वा 或いは、दिवि 天界において、देवेषु 神々の、वा また、पुनः また、सत्त्वम् 生きもの、प्रकृतिजैः プラクリティから生じた、मुक्तम् 無関係の、यत् 〜であるとこ

ろの、एभिः これらから、स्यात् 〜であるかも、त्रिभिः 3つから、गुणैः グナから、

2. 祭祀に携わる者・学者、支配者の王族・武士、商工業者、労働者及び、前者に奉仕する者、これらは（グナの優位性による）意識によって役割が割り当てられた。（18−41）

ब्राह्मणक्षत्रियविशां शूद्राणां च परंतप ।
ブラーフマナクシャトリヤヴィシャーム・シュードラーナーム・チャ・パランタパ
कर्माणि प्रविभक्तानि स्वभावप्रभवैर्गुणैः ॥ (१८-४१)
カルマーニ・プラヴィバクターニ・スワバーヴァプラバヴァイルグナイヒ

（註）ब्राह्मण - क्षत्रिय - विशाम् 祭祀に携わる者・学者、支配者（王族）・武士、商工業者、शूद्राणाम् 労働者、及び前者に奉仕する者、च そして、परंतप アルジュナよ、कर्माणि 各々の義務、प्रविभक्तानि 割り当てられた、स्वभावप्रभवैः 配合によって、गुणैः グナによって、

第14章で詳しく見てきたように、われわれはグナによる束縛から逃れることは出来ない。詩句（18−41）では、チンマヤナンダは、グナのサットヴァ、ラジャ、タマの色分け混合比率（%）を下記の様に示している。

(Śrimad Bhagavad Gītā XVIII by Swami Chinmayananda)

4 ヴァルナ				
グナ	バラモン	クシャトリヤ	ヴァイシャ	シュードラ
サットヴァ	80	15	5	5
ラジャ	15	80	80	5
タマ	5	5	15	90

3. 清澄さ、慎み、質素、清浄、寛容、高潔、知性、気づき、
神への信頼、これらの性向を持つ者は、バラモンの務めを
与えられた。（１８－４２）

शमो दमस्तपः शौचं क्षान्तिरार्जवमेव च ।
シャモー・ダマスタパハ・シャウチャム・クシャーンティラールジャヴァメーヴァ・チャ
ज्ञानं विज्ञानमस्तिक्यं ब्रह्मकर्म स्वभावजम् ॥ （१८－४२）
ギャーナム・ヴィギャーナマスティキャム・ブラフマカルマ・スワバーヴァジャム

（註）शमः　清澄さ、दमः　慎み、तपः　質素、शौचम्　清浄、क्षान्तिः　寛容、आर्जवम्　高潔、एव　まさに、च　そして、ज्ञानम्　知性、विज्ञानम्　気づき、आस्तिक्यम्　神への信頼、ब्रह्मकर्म　バラモンの勤め、स्वभावजम्　性向を持つ者、

この詩句から、何れかのグナの優位性によって、順に役割が振り当てられる。最初は、バラモン（白）としての任務である。

4. 勇気、雄大さ、堅固さ、敏捷さ、寛大さ、堂々とした態度、
これらの性向を持つ者は、クシャトリヤの任務を与えられた。
（１８－４３）

शौर्यं तेजो धृतिर्दाक्ष्यं युद्धे चाप्यपलायनम् ।
シャウリャム・テージョー・ドゥリティルダークシャヤム・ユッデー・チャーピヤパラーヤナム
दानमीश्वरभावश्च क्षात्रं कर्म स्वभावजम् ॥ （१८－४३）
ダーナミーシュヴァラバーヴァシュチャ・クシャートラム・カルマ・スワバーヴァジャム

（註）शौर्यम्　勇気、तेजः　雄大さ、धृतिः　堅固さ、दाक्ष्यम्　敏捷さ、युद्धे　戦いにおいて、च　そして、अपि　～も、अपलायनम्　寛大さ、दानम्　度量の大きい、ईश्वरभावः　君主にふさわしい、क्षात्रम्　कर्म　クシャトリヤとしての任

187

務、स्वभावजम् 性向を持つ者、

　次に、ここに述べられた性向からクシャトリヤとしての任務である。

5. その性向が、農耕、牧畜、商いに向いている者には、ヴァイシャとして、上述三者へ奉仕する者はシュードラに任務が与えられた。（１８－４４）

　　कृषिगौरक्ष्यवाणिज्यं वैश्यकर्म स्वभावजम् ।
　　クリシガ・ウラクシャヤヴァーニジャム・ヴァイシャカルマ・スヴァバーヴァジャム
　　परिचर्यात्मकं कर्म शूद्रस्यापि स्वभावजम् ॥ （१८-४४）
　　パリチャルヤートマカム・カルマ・シュードラスヤーピ・スヴァバーヴァジャム

　　(註) कृषि - गौरक्ष्य - वाणिज्यम् 農耕、牧畜、商い、वैश्य - कर्म ヴァイシャの任務、स्वभावजम् その性向から、परिचर्यात्मकम् ３者に対する奉仕者、कर्म 任務、शूद्रस्य シュードラ、अपि ～も、स्वभावजम् 性向を持つ者、

　同様に、残りのヴァイシャとシュードラの任務が、この詩句で述べられている。以上、何れも３８頁～３９頁で説明した MS と同じ内容である。

6. 自分の資質に応じて、定められた仕事をすることによって、誰もが人生の目的を達成できる。それを、どのように達成するか、次の詩句を聞きなさい。（１８－４５）

　　स्वे स्वे कर्मण्यभिरतः संसिद्धिं लभते नरः ।

スヴェー・スヴェー・カルマンニャアビ ラタハ・サンシッディム・ラバ テー・ナラハ
स्वकर्मनिरतः सिद्धिं यथा विन्दति तच्छृणु ॥ (१८ - ४५)
スワカルマニラタハ・シッディム・ヤター・ヴィンダティ・タッチュリヌ

(註) स्वे स्वे 各々の、कर्मणि 任務、अभिरतः 満ち足りて、संसिद्धिं 完遂する、लभते 達成する、नरस् 人、स्वकर्म 自分に与えられた仕事、निरतस् 満足して、सिद्धिं 達成を、यथा いかに、विन्दति 見つける、तद् これを、शृणु 聞きなさい、

　私たちは、どこの国の、どの地域の、どの家庭に、いかなる資質を持って生まれるか、自分で決めることは出来ない。しかし自分の資質に応じた仕事が必ず見つかるはずである。そこで、人生の目的とは何か。これは、はっきりしている。人生の目的とは、「自己を知ること」に他ならない。それをどのようにして達成するか。次の詩句を見てみよう。

7. すべての存在の根源であり、あらゆるところに顕在する彼を崇敬し、感謝の念を持てば、自らの資質に恵まれた仕事を通して、人生の目的を達成できる。(18－46)

यतः प्रवृत्तिर्भूतानां येन सर्वमिदं ततम् ।
ヤタハ・プラヴリッティルブーターナーン・イェーナ・サルヴァミダム・タタム
स्वकर्मणा तमभ्यर्च्य सिद्धिं विन्दति मानवः ॥ (१८ - ४६)
スワカルマナー・タマビヤルッチャ・シッディム・ヴィンダティ・マーナヴァハ

(註) यतः ～であるところから、प्रवृत्तिस् 根源、भूतानाम् 創造物、येन ～によるところの、सर्वम् इदम् このすべてが、ततम् 顕現する、स्वकर्मणा 自らの行動によって、तम् 彼を、अभ्यर्च्य 崇敬する、सिद्धिं 完遂、

第1部　バガヴァッドギーター入門

विन्दति　達成する、मानवस्　人は、

　3つのタパを通して真理がはっきりしてくると、すべては、ひとつの根源が顕現したものだと気がつくようになる。そして、それぞれの人は、その資質を生かした仕事を通して人生の目的を達成できることも分かる。すべての存在の根源を神と呼ぼうと、あるいは、原因と呼ぼうと、その存在と調和・同調し感謝の気持ちを捧げれば、Devotion【de（心から）　vote（誓う）】Woreship【wor（価値ある）　ship（状態）】である。

8. ダルマ・アダルマ、すべての行為を捨て、私の元へ来なさい。
　　私は、すべてのことがらから、あなたを自由にして、（そこに）
　　もはや嘆き・悲しみはない。（18－66）

सर्वधर्मान्परित्यज्य　मामेकं　शरणं　व्रज।
サルヴァダルマーンパリットヤジャ・マーメーカム・シャラナム・ヴラジャ
अहं　त्वा　सर्वपापेभ्यो　मोक्षयिष्यामि　मा　शुचः॥（१८－६६）
アハム・トヴァー・サルヴァパーペービョー・モークシャイシュヤーミ・マー・シュチャハ

（註）सर्व - धर्मान्　すべてのダルマ、परित्यज्य　捨てて、माम्　私の元へ、एकम्　〜だけ、शरणम्　安全な場所、व्रज　来る、अहम्　私は、त्वा　あなたを、सर्व - पापेभ्यः　すべての行為、मोक्षयिष्यामि　自由にする、मा　無い、शुचः　悲しみ、

　パーンダヴァ、カウラヴァ両家にとって共通のグルであったビーシュマの死とともにヴィシュヌ神の化身であるクリシュナが登場し、バガヴァッド・ギーター「神の歌」が始まった。序説の **e.** で述べたように、ギーターは（2－11）に始まり（18－66）

で終わる。

9. アルジュナは、申しました。
　私の混乱・幻想は、完全に払拭されました。クリシュナ様。あなたの慈愛により疑問は、すべて消え、もはや揺らぐことはありません。あなたのお言葉に従って行動いたします。
　　　　　　　　　　　　　　　　　　　　　　(18-73)

अर्जुन उवाच -
アルジュナ・ウヴァーチャ
नष्टो मोहः स्मृतिर्लब्धा त्वत्प्रसादान्मयाच्युत ।
ナシュトー・モーハハ・スムリティルラブダー・トゥヴァップラサーダーンマヤーチュタ
स्थितोऽस्मि गतसन्देहः करिष्ये वचनं तव ॥ (१८-७३)
スティトースミ・ガタサンデーハハ・カリシュエー・ヴァチャナム・タヴァ

　(註) नष्टः　消滅、मोहः　幻想、妄想、स्मृतिः　知識、लब्धा　得る、त्वत् - प्रसादात्　あなたの慈愛、मया　私によって、अच्युत　クリシュナ様、स्थितः　揺るぎない、अस्मि　〜である、गतसन्देहः　疑問が晴れる、करिष्ये　〜します、वचनम्　言葉、तव　あなたの、

　この世界は、ヴィヨーガ (वियोग) の状態、つまり、心の投影するマーヤーである。それがヨーガ (योग) からどのくらい離れていたか第2章から第18章を通して、アルジュナと同じように、われわれもクリシュナから気がつかされると、もはや、迷いは全く消滅する。

　以上で、「バガヴァッド・ギーター」の解説を終わる。

第1部　バガヴァッドギーター入門

参考文献

1. *Mahābhārata Vol.1 – Vol.9* : M.N.Dutt
2. *The Mahabharata - A play based upon the Indian Classic Epic by Jean Claude Carriere:* Translated from the French by Peter Brook
3. *The Bhagavad Gita Translated from original Hindi by Sarla Jagmohan*: by Dayananda Verma
4. *The Bhagavad Gita* : Ramananda Prasada
5. *The Bhagavad Gita* : R.R.Varma
6. *The Bhagavad Gita* : Swami Shivananda
7. *Bhagavad Gītā as it is* : Swami prabhupāda
8. *The Bhagavad Gita* : Nataraja Guru, Nitya Chaitanya Yati
9. *Śrīmad Bhagavad Gītā　I – XVIII* : Svāmī Chinmayananda
10. *Śrīmad Bhagavad Gītā* : Śaṅkarācarya
11. *Bhagavad Gita and Its Message* : Sri Aurobindo
12. सहज गीता : अरविंद कुमार　(Hindi)
13. *The Kauṭilīya : Arthaśāstra* : R.P.Kangle
14. *The Kauṭilīya : Arthaśāstra Revised* : S.Nath Mital
15. मनुस्मृति *Vol 1, Vol 2* : N.C.Panda
16. *L'hindouisme Anthoropologie d'une cicilisation* : Madeleine Biardoeau
17. *Hinduism … The anthology of a civilization (Hinduism Omnibus, Oxford　Univ. Press New Delhi)*
18. 『印度古聖歌』高楠順次郎
19. 『サーンキャとヨーガ』真下尊吉
20. 『サンスクリット原典から学ぶ 般若心経入門』真下尊吉

第 2 部
ブラフマスートラ入門

The guide of Brahma Sūtraṃ

序　説

1．ヴェーダ

①ヴェーダの成立

　ヴェーダの成立に関しては、マヌスムリティ（मनुस्मृति）に次の説明がある。

> 種は太陽のように輝く黄金の卵（ヒランニャガルバ）となった。そして、その中に全世界の創始者が、ブラフマンとして自ら誕生した。（1―9）

　「ブラフマ・スートラ」で説明するが、アハム・ブラフマ・アスミ（「私は、ブラフマンである」अहम् ब्रह्म अस्मि।）という詩句が示す通り、ブラフマンがたった1つの根源として登場する。彼は、すべての創造者であり、やがてヴェーダを誕生させる。

> 彼は、祭祀（供犠）のために、火（アグニ）、風（ヴェーユ）、太陽（ラヴィ）から、リク（リグヴェーダ）、ヤジュス（ヤジュルヴェーダ）、サーマン（サーマヴェーダ）の三種の永遠のヴェーダを搾り出した。（1―23）

　ここでは3ヴェーダの誕生が述べられているが、アタルヴァヴェーダもヴェーダとみなされる、という記述は、カウティリーヤ

（कौथिलीय）の「アルタシャーストラ अर्थशास्त्र」（3・1・2）にある。従って、ヴェーダは、リグヴェーダ、サーマヴェーダ、ヤジュルヴェーダ、アタルヴァヴェーダの４ヴェーダである。

②ヴェーダとは？　～　アパウルシェーヤ

そのヴェーダとは何か？　後述するが、プールヴァ・ミーマーンサーの経典、ラウガークシ・バースカラ（लौगाक्षि भास्कर）の「アルタサングラハ（अर्थसम्ग्रह）」に次の句がある。

「ヴェーダとは何か？」と問われれば、次のように言えるだろう。ヴェーダとは、人による言葉・文章ではない。五つから成り、祭祀の指図、マントラ、名前、禁止事項、手順の説明である。（6）

अथ को वेद इति चेदुच्यते । अपौरुषेयं वाक्यं वेदः ।
アタ・コー・ヴェーダ・イティ・チェット・ウッチャテー　アパウルシェーヤム・ヴァーキャム・ヴェーダハ
स च विधिमन्त्रनामधेयनिषेधार्थवादभेदात् पञ्चविधः ॥६॥
サ・チャ・ヴィディマントラ・ナーマ・デーヤニシェーダ・アルタ・ヴァーダベーダーット・パンチャヴィダハ

(註) अथ さて、क वेद इति ヴェーダとは何か、चेत् もし、उच्यते 問う、अपौरुषेयं वाक्यं 人による言葉でない、विधि - मन्त्र - नामधेय - निषेधार्थवाद - अभेदात् 祭祀、の指図、マントラ、名前、禁止事項、手順の説明、पञ्चविधः 五つからなる、

ヴェーダは、一般に、シュルティ（天啓聖典 श्रुति）と言われ、「聴かれたもの、アパウルシェーヤ（अपौरुषयम्, 人による言葉・文章ではない）」である。従って、ヴェーダは、神聖で不可侵、反論の余地のない聖典であり、時を超越したものとされ、ここがすべての知識の源となる。また、MS に次の句がある。

ヴェーダの永遠の教えは、すべての生きものを支える。至高の存在であり、あらゆるものの幸せを意味するからである。
(12—99)

これは、ちょうど作曲家のスコアに似ていて、その解釈（推論）は可能であるが、手を加えたりは一切出来ない。では、どうしてヴェーダの他に知識の源流はなく、ヴェーダこそが、あのとうとうと流れる大河ガンガーの源流なのであろうか。それは、プールヴァミーマーンサーの経典の最初の第1章に書かれている。（後述）

③祭祀、供犠

リグヴェーダに見られるように、古代インドに於いて、「神を敬う」行為としての祭祀・供犠（ヤーガ यागः）は、最初の段階から重要視されていた。それを裏付ける知識に長け、儀式一切は、バラモンが取り仕切った。また、祭祀・供犠に関する詳細な考察は、祭詞至上主義とまで言われた、プールヴァミーマーンサー・ダルシャナによって行われた。これらは、ヴェーダの時代にあっては、

上位3ヴァルナにとって共通したスワダルマ（本務）の一つであった。

　リグヴェーダに次の詩句がある。

　　祭祀により神々は生贄に祈りを捧げた。それが最初の供犠であり、偉大なるもの、天と共にあるものとなり、そこに太古の神々サーディヤが住む。（リグヴェーダ１０－９０－１６）

　　यज्ञेन यज्ञमयजन्त देवास्तानि धर्माणि प्रथमान्यासन् ।
　　ते ह नाकं महिमानः सचन्त यत्र पूर्वे साध्याः सन्ति देवाः ॥
　　　　　　　　　　　　　　（ऋग्वेद १०-९०-१६）

　（註）यज्ञेन　祭祀により、अयजन्त（√यज्）祭祀が行われた、तानि देवाः　神々は、धर्माणि、प्रथमान्यासन्　最初の供犠、नाकं　大空、天、महिमानः　偉大なるもの、पूर्वे　太古の、साध्याः　サーディヤ、सन्ति　住む、देवाः　神々、

④巨大なアハンカーラ　～　「アハム・ブラフマスミ」

「ブリハッド・アーランニャカ・ウパニシャッド（बृहदारण्यक उपनिषद्）」に、次の句がある。

　　最初、在るのはブラフマンのみであった。
　　「我はブラフマンなり」として知られたが、それがすべてのものになった。（1-4-10）

ब्रह्म वा इदमग्र आसीत्, तदात्मानमेवावेत् ।
अहं ब्रह्मास्मीति । तस्मात्तत्सर्वमभवत् । (१-४-१०)

(註) ब्रह्म ブラフマン、वा まさに、इदम् この、अग्र 最初、आसीत् 〜であった、तत् あの、आत्मानम् それ自身、एव まさに、आवेत् 知られた、अहं 私は、我は、अस्मि 〜である、इति 〜と、तस्मात् それから、तत् それが、सर्वम् すべてのものに、अभवत् なった、

自身は、最初、まさに１つ。それで、欲(ほっ)した。「妻を娶(めと)り、子どもを授かり、富を得て、カルマン（祭祀）を行えるように」と。カーマ（欲望）が、まさに、このようになったのである。(1-4-17)

आत्मैवेदमग्र आसीदक एव; सोऽकामयत ---
जाया मे स्यात्, अथ प्रजायेय; अथ वित्तं मे स्यात्,
अथ कर्म कुर्वीयेति; एतावान् वै कामः, (१-४-१७)

(註) आत्मा 自身、इदम् これ、अग्र 最初、आसीत् 〜であった、एकः １つ、सः 彼は、आकामयत 望んだ、जाया 妻、मे 私に、स्यात् 〜させてくれ、अथ それで、प्रजायेय 子どもを授かり、अथ そして、वित्तं 富、कर्म カルマン（祭祀）、कुर्वीय 執り行う、कामः カーマ、欲望、एतावान् このように、वै まさに、इति 〜と、

アハム・ブラフマ・アスミ（「私は、ブラフマンである」**अहम् ब्रह्म अस्मि।**）という詩句が示す通り、ブラフマン自身が「我（われ）**अहम्**」という巨大なアハンカーラ（अहङ्कार）である。アハム（私 अहम्）は、ママ（私のもの मम）・ジャーヤー、配偶者（जाया）として女

199

性を娶り子どもをつくる。すべてのものは、欲望（カーマ）によって生まれたものであり、ここには、もはやサーンキャとヨーガ・ダルシャナに見られた至高者プルシャ（पुरुष 観察者）のような姿ではなく、クリエーター（創造者 creator）とか、ルーラー（支配者 ruler）のような姿を見せる。「ブラフマ・スートラ」では、このような姿での至高者ブラフマンが描かれるので、拙著の中の「サーンキャカーリカー」とか「ヨーガスートラ」のプルシャとは大きく異なる視点となる。ここでは、まるで、プルシャ（「人間」の意味もあるので）は、巨大な人間に姿を変えたように見える。

⑤ヴェーダからウパニシャッドへ

　プールヴァ（前期）ミーマーンサー・ダルシャナ（पूर्वमीमांस दर्शन）には、ブッダの言葉をヴェーダに代わるものとして勃興してきた仏教への危機感があり、これに対抗するためヴェーダが絶対的真理であることを確立する必要があったと MB は指摘している。（註1）

（註1）Puisque les bouddhistes prétendent substituer au Veda la parole du Buddha, il faut établir vérité absolue de la Révélation brahmanique en la plaçant au-dela de toute possibilité de doute, et l'opposer à la faiblesse de tout témoignage humain.

　そして、ウッタラ（後期）ミーマーンサー・ダルシャナ（उत्तरमीमांस दर्शन）、いわゆるヴェーダンタ・ダルシャナ（वेदान्त दर्शन）は、

これを引き継ぐ形で、天啓書ヴェーダ、その至高者の知識を与えるウパニシャッドを根源としてブラフマンとの合一によるヨーガの道を主張した。

　ここで、そのヴェーダからウパニシャッドへの流れを、ルヌー＆フィオリサ（Louis Renou et Jean Filliozat）の *L'Inde Classique Manuel des Etudes Indienne Tome Premier* に記載の「4つのヴェーダからの流れの一覧表 Tableau des écoles védiques」（p.310）から見ておこう。

　ここには、「ブラフマ・スートラ」で常に参照される重要なウパニシャッドが、記載されているので、どのヴェーダから流れてきたものか、その都度、見ておいていただきたい。

　重要なウパニシャッドとは、大体、次の12である。

①　イーシャ（ईश）②プラシュナ（प्रश्न）③タイティリーヤ（तैत्तिरीय）④ブリハダーランニャカ（वृहदारण्यक）⑤ケーナ（केन）⑥ムンダカ（मुंडक）⑦アイタレーヤ（ऐतरेय）⑧カウシータキー（कौशीतकी）⑨カタ（कठ）⑩マンドゥーキャ（मांडूक्य）⑪チャーンドーギャ（छांदोग्य）⑫シュヴェターシュワタラ（श्वेताश्वतर）

	リグヴェーダ		ヤジュルヴェーダ		
			黒ヤジュルヴェーダ		
サンヒター	シャーカラ	ヴァースカラ	カータカ カピシュタラ	マイトラヤニー	タイティーリヤ
ブラーフマナ	アイタレーヤ	カウシータキ シャーンカヤナ	カタ（断片）		タイティーリヤ
アーランニャカ	アイタレーヤ	カウシータキ 又は シャーンカヤナ	カタ（断片）		タイティーリヤ
*ウパニシャッド	アイタレーヤ	カウシータキ	カタ又は カータカ	マイトリ	タイティーリヤ シュヴェータ シュワタラ マハーナーラーヤナ

（出典）*L'Inde Classique Manuel des Etudes Indienne*
Tome Premier (p.310)：Louis Renou et Jean Fiolizat

＊ウパニシャッドとは、ヴェーダ・アンタ（वेद‐अन्त）、「ヴェーダーンタ（ヴェーダの精髄）」の意味である。「ヴェーダーンタ」の名を使っているダルシャナがインドにはある。それが、「ウッタラ（後期）ミーマーンサー」である。

ヤジュルヴェーダ		サーマヴェーダ		アタルヴァヴェーダ
白ヤジュルヴェーダ				
ヴァージャサネーイ	カウトゥマ ラーナーヤニーヤ	タラヴァカーラ		(シャウナカ と パイパラーダ)
ブリハド（2つの校訂）	パンチャヴィンシャ 又は タンドヤマハー シャッドヴィンシャ	ジャイミニーヤ シャーティアーヤナ		ゴーパタ
シャタパタ （2つの校訂）	アーランニャカ・サンヒター	ジャイミニーヤ・ウパニシャッド・ブラーフマナ		
ブリハドアーランニャカ イーシャー又は イーシャヴァースヤ	チャンドーギャ	ケーナ		ムンダカ マンドゥキヤ プラシュナなど

Tableau des écoles védiques

　なお、ヤジュルヴェーダに、「黒ヤジュルヴェーダ（Yajurveda Noir）」と「白ヤジュルヴェーダ（Yajurveda Blanc）」があるが、サンヒター（マントラ）とブラーフマナが併存しているものが「黒ヤジュルヴェーダ」であり、分離しているものが「白ヤジュルヴェーダ」である。

2．プールヴァミーマーンサー・ダルシャナ（पूर्वमीमांसा दर्शन）

　プールヴァミーマーンサー・ダルシャナ（पूर्वमीमांसा दर्शन）とは、前期ミーマーンサー・ダルシャナ、ウッタラミーマーンサー・ダルシャナ（उत्तरमीमांसा दर्शन）とは、後期ミーマーンサー・ダルシャナ、または、ヴェーダーンタ・ダルシャナ（वेदान्तदर्शन）と言われている。プールヴァミーマーンサー・ダルシャナは、ヴェーダの解釈からダルマの探求とそれに基づく祭詞に関わる研究を行った。それに対して、ヴェーダーンタ・ダルシャナは、ヴェーダ、特に、ウパニシャッドを典拠とする至高者としてのブラフマンを探求した。両者は、拙著の『サーンキャとヨーガ』と同じように１対であると考えてよいが、プールヴァミーマーンサー・ダルシャナでは、ヴェーダの解釈に基づく敬神（祭祀・儀式）の詳細な解明を行い、その経典が、ジャイミニの「ミーマーンサースートラ」である。本書では、その注釈書であるラウガークシ・バースカラ（लौगाक्षि भास्कर）の「アルタサングラハ（अर्थसम्ग्रह）」第１章の一部を紹介するにとどめた。なお、底本は以下のものを用いた。原文、語釈も載せたいが、ページ数の関係で省略する。

- *The Arthasaṃgraha of Laugākṣi Bhāskara*：
  edited by A.B.Gasendrakar, R.D.Karmarkar
- *Arthasaṃgraha Laugākṣi Bhāskara*：by S.S.Sukthankar
- *The Arthasamgraha An Elementary Treatise of Mimansa (1882)*: Laugakshi Bhaskara George Thibaut

①プールヴァミーマーンサーの目的

さて、深い思いやりのあるジャイミニ師は、真のダルマを(アダルマと)識別出来るよう１２章から成るスートラを著し、「次にダルマの探求がなされるべきである」（１・１・１）とスートラで述べた。このスートラにおいて「さて（アタ अथ）」という語は、ヴェーダの学習を促す言葉である。「その理由は（アタハ अतः という語）」は、ヴェーダの学習によって（真理が）眼前に見えるようになることがはっきりするからである。「ヴェーダの学習がなされるべきである」というヴェーダの学習の指示は、ヴェーダの意味を確定し目に見えるようになる恩恵があり、ヴェーダによってダルマの探求が始められるべきであり、さらに、「知りたいという欲求（ジギャーサー जिज्ञासा という語）」は、その探求（ヴィチャーラ विचार）であることを示している。従って、ダルマの探求であるこの経典が、今まさに始められようとしている、というのがこのスートラの意味になる。

「真のダルマを（アダルマと）識別出来るように」（धर्मविवेक）というのが、この経典の目的であり、そのため、「ヴェーダの学習がなされるべきである（स्वाध्यायोऽध्येतव्य）」と、まず最初に強調している。

②ダルマの定義（ラクシャナ लक्षणम्）

次に、もし「ダルマとは何か？ その定義は何か？」と問われれば、答は、祭祀やジャパなどである。ダルマは、ヴェーダによって説明され恩恵を得られるものである、と言える。

ここで祭祀やジャパなどと言っているのは、**敬神**（piety）のためである。この語は、ラテン語起源の pius（敬虔な）からきていて、神を敬うことである。そのための行為が祭祀であり、バラモンがそれを担ったことは前述した。ダルマは、「ヴェーダによって説明され、それが同時に知りたいと願う事柄であり वेदप्रतिपाद्यः)」、「その効用、つまり目的が達成される (प्रयोजनवदर्थे)」ことになる。

③ダルマの本性

　　さらに、ダルマは、祭祀などを行うことから成り立つということは、次の一文から分かる。「至上の幸福（heaven）を切望する人は、祭祀を行うべきである」 詳しく説明しよう。ヤジェータ（यजेत「祭祀を行うべきである」）と言う言葉は、2つの要素から成る。語根に当たる√यज् と接尾辞（त）である。さらに、接尾辞（suffix）は2つの要素から成る。1つは、「この動詞の意味」（祭祀を行う）であり、もう1つは、この動詞の10の特性「ラカーラ लकार」（直説法の6つの時制と4つの法）のうちの「願望法」で示された「（潜在的に秘められた気持ちを伝える）行うべきである」という要素である。この2つの要素は、ある気持ちを駆り立てる力（भावना）であり、それは正に特別な行動を促すことを表現している。

　これは、サンスクリットという言語のヴィヤーカラナ（Grammatial Analysis）を語っており、言葉とは何か、言葉の持つパワー（シャクティ शक्ति）とは何かを説明している。拙著でも

序　説

繰り返し述べてきたように、サンスクリット語の文法知識は、インドのダルシャナを理解しようとするならば必須である。以下、詳しく説明しよう。

यजेत स्वर्गकामः।（ヤジェータ・スワルガカーマハ）

（敬神・祭祀を行うべきである。）

と言う文章の **यजेत** は、動詞語根ヤッジュ（√**यज्**）の願望法（**विधिलिङ्**）である。これは下記のような図式となる。

（図は The Arthasaṃgraha of Laugākṣi Bhāskara p.81 を参考。）

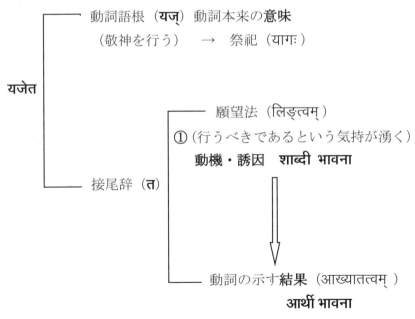

まず、サンスクリット語には、以下に示す動詞の１０の動詞の形「ラカーラ लका」（直説法の６つの時制と４つの法）がある。

●直説法（６つの時制）

 लट् （現在 Present） लुङ्（アオリスト Aorist）
 लङ्（未完了過去 Imperfect） लिट् （完了過去 Perfect）
 लृट् （単純未来 Future） लुट् （複合未来 Phripharastic Future）

- लोट्　命令法　Imperative
- विधिलिङ्　願望法　Optative, Potential
- आशीर्लिङ्　祈願法　Benedictive, Desirative
- लृङ्　条件法　Condition

上に示した図をご覧いただきたい。ヤジェータ（**यजेत**）は、動詞語根の（**यज्**「神を敬う」）という本来の**意味**に、接尾辞の（**त**）が付いた形である。

この言葉は、まず、①「行いたいという気持、行動に駆り立てられる気持ち」が湧いて**動機・誘因**となる。この気持ちは、②「祭祀を行う」という行為をもたらす**結果**につながる。

つまり、ヴェーダの中にある言葉は、人をして「祭祀を行う」というエネルギーを生み出す。

④言葉の作り出すエネルギー

　動詞の生み出すエネルギーとは、行為の主体のある特別な活動を表している。ある行動を導くもの、すなわち人が動詞の意味する動作を行うことである。それは、願望法（optative）の接尾辞（suffix）で示される。何故なら、人は願望を聴くと、「この人は、私に何かを促しているのだな、何かをさせようとしているのだな」と例外なく理解する。ある言葉を理解すると、必ずそれに対する行動がある。例えば、「牛を連れてこい」と言う文章の「牛」という言葉は、「牛」という名詞（cownessとかcowhood）、あるいは、その性質・特徴（generic character）を表す。日常使うある文章でのある特別の活動は、その人の意図がだれかへのある活動を促している。しかし、ヴェーダの文章においては、（アパウルシェーヤ अपौरुषेय 人による言葉・文章ではないので）人は存在しない。天啓は、言葉そのものに存在する。即ち、願望法の接尾辞、それが、まさに言葉の作り出すエネルギーである。

　ヴェーダの文章は、聴かれたもの、アパウルシェーヤ **अपौरुषेय** つまり、人による言葉・文章ではない。ヴェーダの言葉自体に、そのエネルギーが存在する。「**言葉自身の持つ力**」、この教理はウッタラ（後期）ミーマーンサー、即ち、ヴェーダーンタ・ダルシャナにも受け継がれることに注意しておいてほしい。

⑤ヴェーダとは何か？

> 「ヴェーダとは何か？」と問われれば、次のように言えるだろう。
> ヴェーダとは、人による言葉・文章ではない。五つから成り、祭祀の指図、マントラ、名前、禁止事項、手順の説明である。（１０）

ここで、最初に紹介した「ヴェーダとは何か？」という定義、プールヴァ（前期）ミーマーンサーの最も重要な主張へと辿り着く。それは、ウッタラ（後期）ミーマーンサー、つまり、ヴェーダーンタ・ダルシャナが「ウパニシャッド」を典拠とする理由でもある。

前掲した**４ヴェーダからの一覧表**をご覧いただければ、どのヴェーダからヴェーダのアンタ（終結）として「ウパニシャッド」への流れがあるのか、ご理解いただけるであろう。

シュルティ（天啓 श्रुति）は、アパウルシェーヤ（अपौरुषेयम् 「人による言葉・文章ではない」）であって「聴こえてきたもの、その力」である。その内容は神聖なものであり、解釈だけは許される。解釈者は推論として、そこにシュルティの命を吹き込まなければならないのである。

インドの６つの各ダルシャナは直接的知覚と共に、ヴェーダ、ウパニシャッドを源流とした推論のガンガーの流れのようなものである。拙著『サーンキャとヨーガ』では、その流れの１つ、「サーンキャカーリカー」を見てきたが、本書ではそれに次いで、ヴェーダーンタの経典「ブラフマスートラ」を見ていくことにする。

ブラフマスートラ

　ブラフマスートラは、５５５の詩句から成り、４ヴェーダから流れてきた、そのエッセンスであるウパニシャッドを根拠にしたヴェーダーンタ・ダルシャナのスムリティである。この「ブラフマスートラ入門」は、そこから３７の詩句を選んで原文、語釈、解説を付けている。各詩句は、非常に短く、サンスクリット原文を翻訳（直訳）しても、その意味は殆ど理解出来ない。それは、各詩句が、ウパニシャッドを根拠にしているためで、**４ヴェーダからウパニシャッドへの流れの一覧表**で該当するウパニシャッドの詩句が分からなければ理解は難しい。

　バガヴァッド・ギーターの後に第２部として、この「ブラフマスートラ」を持ってきたのは、ギーターに限らずインドのダルシャナを理解するためには、拙著『サーンキャとヨーガ』で取り上げた「サーンキャカーリカー」と、この「ブラフマスートラ」の理解は必須だからである。特に、ギーターでは、サーンキャのプルシャとプラクリティ、ヴェーダーンタのブラフマンとアートマンについての正しい理解が必須になる。

　各詩句の根拠となったウパニシャットの詩句についても原文をすべて掲げて語釈、翻訳、解説を付けたいが残念ながら紙面の関係で省略せざるを得なかった。該当するウパニシャッドの詩句番号は付記してあるので、出来れば原典に当たって確かめてほしい。

　理解しやすいよにうに中見出しを付け、選んだ詩句には通し番号が振ってある。詩句末の括弧内の数字、例えば、（１−１−２）は、第１章第１節第２句を表している。

シュルティとは

1. シュルティのみが、正しい知識の源となる。(1－1－3)

शास्त्रयोनित्वात् ॥ १ - १ - ३ ॥
シャーストラヨーニットヴァート
（註）शास्त्र - योनित्वात् シュルティが根源、

　プールヴァ・ミーマーンサー・ダルシャナで述べられたとおり、シュルティ（天啓聖典 श्रुति）とは、真理そのもの、いわゆる、アパウルシェーヤ（अपौरुषेयम्）、「人による言葉・文章ではない」ので、これのみが正しい知識の根源だとするヴェーダーンタ・ダルシャナのスムリティ（स्मृति）「ブラフマ・スートラ」では、各詩句は、ウパニシャッドが根拠として参照されている。

ブラフマンとは

2. ブラフマンは、この宇宙の根源である。(1－1－2)

जन्माद्यस्य यतः ॥ १ - १ - २ ॥
ジャンマードゥヤスヤ・ヤタハ
（註）जयन्म 根源、आदि など、अस्य この、यतः ～であるところから、

　ブラフマンは、この宇宙や生きものをはじめとするすべてのものの根源であり、その誕生、維持、破壊に関わる。この詩句は、

タイティーリヤ・ウパニシャッド（3－1　以下、TaiUp.と略記）が参照されている。ブリグ（भृगु）が父のヴァルナ（वरुण）にブラフマンについて尋ねる。「そこから生まれ、そこへと戻るところ」と父は答える。

3. 至福とはパラ・ブラフマンのことである、と繰り返し述べられてきている。（1－1－12）

आनन्दमयोऽभ्यासात्　॥ १ - १ - १२ ॥
アーナンダ マヨービャーサート

（註）आनन्दमयः　至福、अभ्यासात्　繰り返し（述べられてきている）、

　この詩句は、TaiUp.（2－7）が参照されている。至福の状態は、後述の詩句でも出てくるが、熟眠の状態と同じでパラブラフマンの本性である。

4. ここで使われている空間という言葉は、ブラフマンのことであり、それを特徴づける名前である。（1－1－22）

आकाशस्तल्लिङ्गात्　॥ १ - १ - २२ ॥
アーカーシャスタッリンガート

（註）आकाशः　空間という言葉、तद्　ブラフマン、लिङ्गात्　特徴付ける名前、

　空間にもいろいろな意味があるが、ウパニシャッドで使われている空間とは、創造の源であり、そこへと戻る、物理学で言うと

ころの、湯川秀樹博士が提唱された**素領域**のことである。
　チャンドーギャ・ウパニシャッド（3－13－7　以下、ChhUp.と略記）が参照され、「光に満ちた空間」と表現されている。

5．同じ理由で、プラーナもブラフマンである。（1－1－23）

　　अत एव प्राणः ॥ ９ - ９ - २३ ॥
　　アタ・エーヴァ・プラーナハ
　　　（註）अत एव　同じ理由で、प्राणः　プラーナも、

6．プラーナもブラフマンである、とそのように理解される。
（1－1－28）

　　प्राणस्तथानुगमात् ॥ ９ - ９ - २८ ॥
　　プラーナスタターヌガマート
　　　（註）प्राणः　プラーナ、息、तथा　（シュルティから）彼と合致する、अनुगमात्
　　　　　～と理解される、

　前句と同様、**5．** で使われている言葉のプラーナもブラフマンを意味していて、ChhUp.（1－11－5）が、**6．** ではカウシータキ・ウパニシャッド（3－8　以下、KauUp.と略記）が根拠になっている。いずれも、プラーナは、生命の根幹エネルギーであり、生命を象徴する呼吸と考えてよい。

7．四方から降りそそぐ光もブラフマンである。（1－1－24）

ज्योतिश्चरणाभिधानात् ‖ ۹ - ۹ - २४ ‖
ジョーティシュチャラナービダーナート
　　（註）ज्योतिः 光、चरण 四足、अभिधानात् ～と表現されている、

「四足（チャラナ चरण）」と表現されているのは、１／４がすべての生きもので、３／４が不滅の天上を意味している。従って、結局、四方から、天上から降りそそぎ、すべてを照らす光とはブラフマンのことである。

8. ブラフマンとは実体のことを言っている。（1－3－6）

प्रकरणात् ‖ ۹ - ३ - ६ ‖
プラカラナート
　　（註）प्रकरणात् （文脈から）実体のこと、

ブラフマンは、根源であり実体のことで、ブラフマンなしには何も存在出来ない、そのことに気づけば、即ち、「ブラフマンを知ればブラフマンになる。」というムンダカ・ウパニシャッド（3－2－9、以下、MunUp.と略記）が根拠になっている。

9. 不滅のものはブラフマンである。宇宙の果てまですべてを支えるから。（1－3－10）

अक्षरमम्बरान्तधृतेः ‖ ۹ - ३ - १० ‖
アクシャラマムバラーンタドゥリテー

(註) अक्षरम् 不滅、अरम्बरान्त 宇宙の果てまで、धृतेः 支えるので、

　ブリハド・アーランニャカ・ウパニシャッド（3－8－8、以下、BrhUp.と略記）に、ブラフマンは「アクシャラ（不滅 अक्षरम्）」と呼ぶと記載されている。これは、聖音のオーム（ॐ）で象徴されることもよく知られている。

１０．空間はブラフマンである。何故なら、そこから名前と形あるものが姿を顕すから。（1－3－41）

आकाशोऽर्थान्तरत्वादिव्यपदेशात् ॥ 9 - 3 - 49 ॥
アーカーショールターンタラットヴァーディヴィヤパデーシャート

(註) आकाशः 空間、अर्थ ～という意味、अन्तरत्व 異なった、आदि （他の意味）など、व्यपदेशात् 意図、

　ChhUp.（8－14－1）が参照され「空間は、ここでは異なった意味で使われている」というのがこの詩句の直訳であるが、空間（アーカーシャ आकाश）は、すべてのものが姿・形を表すところ、即ち、ブラフマンを意味している。

１１．主（Lord）などと表現されるから、彼とはブラフマンのことであると理解出来よう。（1－3－43）

प्रत्यादिशब्देभ्यः ॥ 9 - 3 - 42 ॥
プラッティヤーディシャブデービヤハ

(註) प्रति 主、आदि など、शब्देभ्यः 表現されるから、

　同じく、BrhUp.（4－4－22）に、ブラフマンとは、支配者であり、すべてのものの統治者であり主であるという記載がある。ジーヴァートマーとは、決定的に異なる。ギーターの（8－21）も参照してほしい。

ブラフマンの本性

１２．すべてのものの内なる支配者はブラフマンである。それは、全宇宙の至高者たるものの本性である。（１－２－１８）

अन्तर्याम्यधिदैवादिषु तद्धर्मव्यपदेशात् ॥ १ － २ － १८ ॥
アンタルヤーミャディダイヴァーディシュ・タッダルマヴィヤパデーシャーット

(註) अन्तर्यामी 内なる支配者、अधिदैवादिषु 神々の中の、तत् 彼の、धर्म 本性、व्यपदेशात् 〜と述べているから、

　BrhUp.（3－7－1）に記載されているように、ブラフマンの本性の一つが述べられていて、宇宙をはじめとするすべてのものの根源であり、支配者である。

１３．目に見えないなどは、ブラフマンの本性として挙げられる。（１－２－２１）

अदृश्यत्वादिगुणको धर्मोक्तेः ॥ १ － २ － २१ ॥
アドゥリシャットヴァーディグナコー・ダルモークテヘ

217

(註) अदृश्यत्वा 見えないこと、आदि など、गुणकः 本性、धर्मोक्तेः 述べられているので、

前詩句に続いて、ブラフマンの2つめの本性が述べられている。これは、サーンキャと同じくアヴィヤクタ（अव्यक्त）のことで、「目に見えない」、「未顕現」の2つの意味がある。

ブラフマンとアートマンの識別

14．主語（ジーヴァ）と目的語（ブラフマン）とは明確に区別すべきである。（1－2－4）

कर्मकर्तृव्यपदेशाच् ॥ १ - २ - ४ ॥
カルマカルトゥリヴィヤパデーシャーッチャ

(註) कर्म 目的語、कर्तृ 主語、व्यपदेशायत् 明確化、च そして、

ChhUp.（3－14－4）が参照されていて、瞑想者（主語）と瞑想する対象（目的語）とは異なる。対象がブラフマンであれば、瞑想者である私とは、まったく別である。アートマン、つまり、ジーヴァ（जीव individual soul）とブラフマン、この両者を混同している人は多く、ブラフマスートラの（1－2－1）で言っている「ブラフマンは、マノーマヤである」という詩句も、よく誤解を招く。何故なら、この意味は、**静まった純粋な心で、直感力でしかブラフマンを理解することは出来ない**、という BrhUp.（4－4－19）を参照しないと間違って理解してしまう。従来、

ブラフマンとアートマンと言われてきたが、ブラフマンとジーヴァートマンと言った方がより正確である。従って、ジーヴァートマンは、**魂**と訳してもかまわない。関連する次句を見てみよう。

１５．２語の（文法上の）格の違いから、マノーマヤはブラフマンである。（１－２－５）

शब्दविशेषात् ॥ १ - २ - ५ ॥
シャブダヴィシェーシャート
（註）शब्द 言葉、विशेषात् 違いから、

Manomaya is *my* Self within the heart.

彼（ブラフマン）は、私の（*my*, *of Me* 属格）心（ハート）の内に住んでいる私自身（Self）である。マノーマヤ（*Manomaya* 主格）という言葉は、崇敬される対象、つまりブラフマンである。彼はジーヴァートマンとして、私たちのハートに住まう。従って、ブラフマンは１つだが、ジーヴァートマンは、人間の数だけ複数存在する。ブラフマン＝アートマンではない。**ブラフマンと共にあるアートマン**である。

１６．同様に、スムリティでも全く同じことを述べている。
（１－２－６）

स्मृतेश्च ॥ १ - २ - ६ ॥

スムリテシュチャ

(註) स्मृतेः スムリティ、च 〜も、

バガヴァッド・ギーターの（１８－６１）の詩句を見てみよう。

すべての生きものに住まうブラフマンは、その幻惑的な力（マーヤー）を発揮し、まるでロクロに載せられているようにわれわれを回転させる。（１８－１６）

スムリティは、アパウルシェーヤであるシュルティに基づく推論で導き出されたものであるが、ギーターの内容をヴェーダーンタ・ダルシャナでは受け入れている。何故なら、ギーターでは、行為には無関係のブラフマンとアートマンの識別がなされているからである。

シャンカラチャリヤがコメントしているように、この世界はブラフマンの幻惑的な力による見せかけのマーヤーであり、それに気づくまでは、ジーヴァとブラフマンとの同一視は続く。

１７．仮に、ジーヴァとして身体に住まうブラフマンが、幸・不幸を同じように経験する、そんなことは、実際には、あり得ないので、両者は全く別である。（１－２－８）

सम्भोगप्राप्तिरिति चेत् न वैशेष्यात् ॥ १ - २ - ८ ॥
サムボーガ プラープティリティ・チェートナ・ヴァイシェーシャート

(註) सम्भोग 幸・不幸を体験する、प्राप्तिः テ、इति このように、चेत् 仮に、

न ～でない、वैशेष्यात् 異なるから、

　ブラフマンは、すべての根源であり、あらゆるところに顕現しているが、一切の行為やその結果（果実）には関わらない。ブラフマンは、この身体に「ブラフマンと共にあるアートマン」として住まい、ジーヴァートマンと言うが、存在の根源なので、喜び、悲しみの際、「魂が揺さぶられるような」とか「魂が打ち震えるような」感動とか表現することがある。

18．静かにたたずむ者と食を楽しんでいるものとは異なる。
　　　　　　　　　　　　　　　　　（1－3－7）

स्थित्यदनाभ्यां च ॥ १ - ३ - ७ ॥

スティティ・アダナービヤーム・チャ

　（註）स्थिति たたずむ者、अदनाभ्याम् 食べているもの、च そして、

　有名なリグ・ヴェーダ（1－164－20）にあるマントラであるが、MunUp.の（3－1－1）に流れてきている。

　美しい羽根の2羽の鳥が、いつも仲睦まじく同じ樹にとまっている。そのうちの一羽は木の実を美味しそうに啄んでいるが、もう一羽は、それをただ見ているだけだ。
　　　　　　　　（リグヴェーダ　1－164－20）

द्वा सुपर्णा सयुजा सखाया समानं वृक्षं परिषस्वजाते ।
तयोरन्यः पिप्पलं स्वादु अत्ति अनश्नन् अन्यः अभिचाकशीति ॥

221

第2部　ブラフマスートラ入門

(ऋग्वेद ९ - १६४ - २०)

(註) द्वा सुपर्णा 美しい羽根の２羽の鳥、सयुजा いつも一緒に、सखाया 仲睦まじく、समानं वृक्षं 同じ樹に、परिषस्वजाते とまっている、तयोः अन्यः その内の一羽は、पिप्पलं 木の実を、स्वादु 美味しそうに、अत्ति 啄んでいる、अनश्नन् 食べずに、अन्यः もう一羽は、अभिचाकशीति ただ見ているだけ、

ブラフマンとジーヴァートマーの関係を美しい比喩で述べている。ブラフマンは、ただ、眺めているだけであって享受者ではない。

ブラフマンへの気づき

19. ブーマーというのはブラフマンのことである。ちょうど熟眠の状態で、目が覚めている時の生命エネルギーの状態が、そのままここに留まっている。（１−３−８）

भूमासम्प्रसादादध्युपदेशात् ॥ ९ - ३ - ८॥
ブーマーサㇺプラサーダーダッドゥユパデーシャート

　(註) भूमा 果てしない、सम्प्रसादात् 熟眠の状態、अधि 最も高く、उपदेशात् （ジーヴァを超えた存在）との教え、

気づきはどのようにして起こるのだろうか？ ChhUp.（７−２３−１）によると、ブーマーとは至福の状態（ブーマー・エーヴァ・スッカム भूमा एव सुखम्）であり、それは、われわれが夢を見なければ、毎日、一度は体験する熟眠の状態と同じであって、ブ

ラフマンを意味している。聖者のラマナ・マハルシは、早くからこのことに気づいていた。

20．究極の自己とは、熟眠時と死の時、ジーヴァトマーとは異なるものだ、と理解は出来よう。
（1−3−42）

सुषुप्त्युत्क्रान्त्योर्भेदेन ॥ १ - ३ - ४२ ॥
スシュプットユットクラーンッヨールベ―デ―ナ
（註）सुषुप्ति 熟眠、उत्क्रान्तिः 死の時、भेदेन （ジーヴァと）異なる、

何故なら、真の自己は、純粋知性（ブッディ）として反映し「フリディ・アンタハ・ジョーティヒ（हृदि अन्तः ज्योतिः）ハートで自ら輝く光」と、BrhUp.（4−3−7）をその根拠としている。

サーンキャに対する反論と自らの主張

21．（ヴェーダの中で）暗示されたものをプラダーナとして挙げるなら、「否」と言わざるを得ない。何故なら、（カタウパニシャッド）のアヴィヤクタとは、（サーンキャの言っているプラダーナではなく）身体（シャリーラ）に関すること思われるから。（1−4−1）

आनुमानिकमप्येकेषामिति चेन्न शरीररूपकविन्यस्तगृहीतेर्दर्शयति च

॥ १ - ४ - १ ॥

第2部　ブラフマスートラ入門

アーヌマーニカマピ゜ エーケーシャーミティ・チェーナ・シャリーラルーパ゜ カヴ゛ィンニヤスタグ゛リヒ゛ーテー
ルシャヤティ・チャ

（註）आनुमानिकम् 暗示、プラダーナ、अपि 〜も、एकेषाम् 誰がが、इति 〜と、चेत् 仮に、न 否、शरीर 身体、रूपक 直喩、विन्यस्त 含む、गृहीतेः शュルティでは、दर्शयति 説明している、च 〜もまた、

その根拠となっている KathUp. の詩句（1－3－10）と（1－3－11）を掲げる。（原文は省略）

感覚器官の対象は感覚器官よりも上位にあり、心は感覚器官よりも上位にある。ブッディは心よりも、さらに上位にあり、ブラフマンはブッディよりも最上位にある。（1－3－10）

アヴィヤクタは、マハットよりも上位にあり、プルシャは、最上位にあって、これ以上、上には何もない。彼が頂点であり、ゴールである。（1－3－11）

この詩句で**上位とは、より微細**という意味なので注意を要する。拙著『サーンキャとヨーガ』で説明した通り、サーンキャでは、意識であるプルシャとエネルギー部分を分けて説明し、プルシャの一瞥があるとムーラプラクリティは3グナの平衡状態を失ってマハット以下の展開が始まる。アヴィヤクタ（अव्यक्त）には2つの意味があって、一つは「目に見えない状態」もう一つは「未顕現」である。従って、プルシャもプラクリティも「目に見えない状態」であるが、プラクリティは未顕現の状態から、やがて顕現した状

224

態になるとヴィヤクタ（व्यक्त）、つまり、「目に見える状態」となる。ヴェーダーンタ・ダルシャナでは、意識とエネルギー部分を分けず、ブラフマン１つが自己展開しエネルギー部分は「幻惑的な力」の「マーヤー」として説明される。その展開課程はサーンキャのようには一切説明されない。ブラフマンは創造者であり、統治者であると同時に自己展開する。ちょうど、コンピューターの自己解凍ファイル（self – extract file）を想像されるとよい。しかも、この創造・展開は、自らの本性として目的・動機なく起こり、リーラー（戯れ）であると言う。しかしながら、われわれは、同じヴェーダーンタの経典とされるギーターでは、非常に不思議な説明に出会う。それは、第１４章の（１４－３）詩句（１５５頁参照）で見られ、ここでは、サーンキャに則った説明になっていて、ムーラプラクリティのことを、わざわざ「**マハット・ブラフマ（महत् ब्रह्म）**」と言い換えている。続く詩句を見てみよう。

２２．さらに、マハットという言葉の様に。（１－４－７）

　　　महद्वच ॥ ९ - ४ - ७ ॥
　　　マハッド ヴァッチャ
　　　（註）महत्　マハット、च　～も、

２３．５つずつ、合計２５というふうに展開していく記述は、シュルティの意味することとは認めにくい。（１－４－１１）

　　　न संख्योपसंग्रहादपि नानाभावादतिरेकाच ॥ ९ - ४ - ११ ॥
　　　ナ・サンキョーパサングラハーダピ・ナーナーバーヴァーダティレーカーッチャ

(註) न ～ではない、संख्य 数、उपसंग्रहात् 記述から、अपि ～も、नानाभावात् ～とは異なるから、अतिरेकात् それ以上になるから、च そして、

　21. 同様 KathUp.の（1－3－10）の「ブラフマンは、ブッディを超える」が根拠になっているが、エネルギー部分を分けないので議論が噛み合わないし、BrhUp.（4－4－17）の5×5＝25は、他に空間、アートマンを加えると、その数を超えるので、サーンキャの合計25との違いを問題にしている。

24. ブラフマンは、世界の根源。何故なら、自らが姿を変えたものに他ならないから。（1－4－26）

　　आत्मकृते परिणमात् ॥ १ - ४ - २६ ॥
　　アートマクリテー・パリナマート
　　　(註) आत्मकृते 創造されたもの自身、परिणमात् 自ら姿を変えたもの、

25. ブラフマンは、根源と呼ばれる。（1－4－27）

　　योनिश्च हि गीयते ॥ १ - ४ - २७ ॥
　　ヨーニシュチャ・ヒ・ギーヤテー
　　　(註) योनिः 根源、子宮、च そして、हि ～の元、गीयते ～と呼ばれる、

　TaiUp.（2－7－1）の「それ自身が姿を顕す（तदात्मानम् स्वयमकुरुत ।）」が根拠で、ブラフマンは自らが形と名前のあるこの世界を展開・創造する者（self‐creator）である。ここがサーンキャ・ダルシャナとは異なる。

ヨーガ・ダルシャナも否定

２６．（サーンキャを基盤とする）ヨーガ・ダルシャナも否定せざるを得ない。（２－１－３）

एतेन योगः प्रत्युक्तः ॥ २ - १ - ३ ॥
エテーナ・ヨーガハ・プラッツユクタハ

（註）एतेन このため、योगः ヨーガダルシャナ、प्रत्युक्तः 否定する、

　サーンキャ・スムリティを基にしたパタンジャリの推論だとして「ヨーガ・ダルシャナ」は否定される。

リーラー

２７．この世界で創造され、見られるものは、ブラフマンの単なるリーラー（遊び・戯れ）に過ぎない。（２－１－３３）

लोकवत्तु लीलाकैवल्यम् ॥ २ - १ - ३३ ॥
ローカヴァットゥ・リーラーカイヴァルヤム

（註）लोकवयत् この世界の様に、तु しかし、लीला 戯れ、遊び、कैवल्यम् 単なる、

２８．ブラフマンの創造はリーラー（遊び・戯れ）であっても、不公平・無慈悲という指摘は当たらない。（２－１－３４）

वैषम्यनैर्घृण्ये न सापेक्षत्वात् तथा हि दर्शयति ॥ २ - १ - ३४ ॥

第2部　ブラフマスートラ入門

ヴァイシャミャナイルグリニェー・ナ・サーペークシャットヴァート・タター・ヒ・ダルシャヤティ

(註) वैषम्यव 不公平、नैर्घृण्ये 無慈悲、残酷、न ～ではない、सापेक्षत्वात् に他に理由がある、तथा 従って、हि ～ので、दर्शयति シュルティによれば、

　ブラフマンは、宇宙をはじめすべてのものの創造主であるが、その最も特徴的な表現がこの詩句である。これは、ブラフマンの3つめの本性と考えられ、創造は、何の目的・欲望・期待・動機なしに行われるという。しかも、そのエネルギーのパワーは無尽蔵・無限である。従って、もたらす結果は、時に不公平、無慈悲であり、悲惨さ、残酷さを生む。ギーター第11章では、その様相が描かれ、見てきた通りである。BrhUp.の（3－2－13）によれば、それはジーヴァートマンに関してのことであり、あなたの魂のレベルによって起こることで、ブラフマンは関知しないと言う。リーラーは、ハプニング（Happening）であり、何が起こるか全くわれわれには予測がつかない。この世で起こるすべてのことは、そんなふうに見えているに過ぎない、ブラフマンのいたずらや戯れだとヴェーダーンタ・ダルシャナでは言う。

それは行いによって決まる。善き行いは良い結果を、そうでなければ良くない結果を生む。（3－2－13）

पुण्यो वै पुण्येन कर्मणा भवति, पापः पापेनेति ।
プンニョー・ヴァイ・プンニェーナ・カルマナー・バヴァティ・パーパハ・パーペーネーティ

ここで、この世界の創造に関して今まで見てきたサーンキャ、ヴェーダーンタ、ギーターそれぞれの説明をまとめておこう。

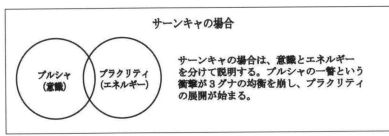

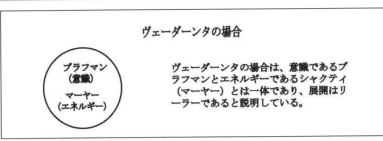

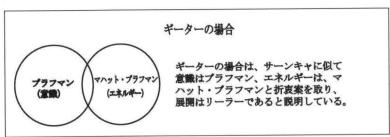

29. (意識のない) プラクリティが、プラダーナ (創造の根源) とは考えにくい。(2-2-2)

प्रवृत्तेश्च ॥ २ - २ - २ ॥
プラヴリッテーシュチャ
(註) प्रवृत्तेः 活動、展開、च 根源がここにあると、

ヴェーダーンタが、サーンキャを批判するのは、プラクリティの活動が、御者のいない馬車が勝手に動き出したり、或いは、サーンキャでの譬え（拙著『サーンキャとヨーガ』４８頁参照）、眼は見えるが脚が悪くて歩けない人が、盲目だが歩ける人の助けで、肩に担がれて前進する様であったり、磁石が勝手に鉄にくっつくことなどとは考えにくいからだとしている。

　ヴェーダーンタでは、ブラフマンとマーヤー（エネルギー）は一体なので、展開の最初のスタートは非常にあいまいである。ただ単に、リーラー（戯れ）と表現するように、すべては予測不可能なハプニング（Happening）として起こる。一方、サーンキャでは、最初にプルシャの一瞥という衝撃で展開が始まると明記され、その後の展開も非常に分かりやすい。「シュレーディンガーの猫」の譬えのように、われわれは、「生・死２つの目しか出ないサイコロ」の状態で存在している。プルシャが毎日一瞥すると生か死か、どちらかの状態が起こる。例えば、８０歳の人が今日も目が覚めた時、生きた状態ならば、この身体とリンガ・シャリーラ（微細な身体）が顕れる。それはサイコロの「生の目」が出たわけで、そのようにして３６５日×８０回続いてきた訳である。

ジーヴァートマン

30. シュルティには見あたらないが、ジーヴァートマン（魂）は、創られたものではない。純粋知性そのものであり、永遠・不滅の存在である。（２−３−１７）

नात्माऽश्रुतेर्नित्यत्वाच्च ॥ २ - ३ - १७ ॥

ナートマーシュルテールニッヤットヴァーッチャ

（註）न ～でない、आत्मा ジーヴァートマン、अश्रुतेः シュルティにはない、
नित्यवत् 永遠、च また、ताभ्यः シュルティから、

　この詩句の前半は、ジーヴァートマンは「ブラフマンと共にあるアートマン」のことで、創られたものではない。従って、シュルティは、そのことをわざわざ述べていない。しかし、後半、タービャハ（ताभ्यः）「シュルティによれば」となっているのは、ジーヴァートマンをブラフマンと同様、永遠・不滅のものとしているためである。KathUp.の（１－２－１８）に記載があり、この詩句は、ギーター（２－２０）にそのまま引用され**全く同じ内容**である。（５５頁参照）

３１．ジーヴァートマンとは、まさに純粋知性そのものである。
　　　　　　　　　　　　　　　　（２－３－１８）

ज्ञोऽत एव ॥ २ - ३ - १८ ॥

ギョータ・エーヴァ

（註）ज्ञः 純粋知性、अत एव まさに、そのもの、

　ジーヴァートマンは、まさに、魂と呼んでいい純粋知性で、われわれの身体に住まう「ブラフマンと共にあるアートマン」である。TaiUp.の（２－１）に「真の知性である」という記載がある。

32. ジーヴァートマン（魂）は、ものごとを主体的に決める。
（2−3−33）

कर्ता शास्त्रार्थवत्त्वात् ॥ २ - ३- ३३ ॥
カルター・シャーストラルタヴァットヴァート

(註) कर्ता 主体、शास्त्रार्थवत्त्वात् シュルティの言う通り、

　この詩句で明らかなように、魂は、サーンキャの言う内的器官のブッディとマナス（心）に深く関わってブッディのレベルに応じて主体的にものごとを決める。ギーターの第6章（6−5）で見てきたように自らを向上させ、決して下落させてはいけないことが分かる。プラシュナ・ウパニシャッド（4−9）が参照されている。

33. しかし、ジーヴァートマン（魂）の働きは、ブラフマンによって決まる。（2−3−41）

परात् तत् श्रुतेः ॥ २ - ३- ४१ ॥
パラーットゥ・タット・シュルテーヘ

(註) परात् 至高者、ブラフマン、तु しかし、तत् 主体者としての働き、श्रुतेः シュルティは述べている、

　前述のように、ジーヴァートマン（魂）とは、「ブラフマンと共にあるアートマン」のことだから、当然のことである。カウシータキ・ウパニシャッド（3−9、以下、KausUP.と略記）が参照されている。

34. 夢を見ない熟眠の状態が、ナーディを通って魂に起こる。
（3－2－7）

तदभावो नाडीषु तत् श्रुतेरात्मनि च ॥ ३ - २ - ७ ॥

タダ バーボー・ナーディーシュ・タット・シュルテーラートマニ・チャ

（註）तदभावः 熟眠の状態、नाडीषु ナーディを通って、तत् श्रुतेः シュルティから分かる、आत्मनि 魂に、च そして、

　既に見てきたように、熟眠は至福の状態、ブラフマンとの合一、ヨーガの状態と全く同じである。それは拙著『ハタヨーガからラージャヨーガへ』で述べたようにナーディを通り、魂（ジーヴァートマン）に起こる。熟眠の体験は、誰でも出来るが、これが目が覚めている日常にも起こることがヨーガであり、われわれにとって究極の目的でもある。いよいよブラフマスートラも結論に近づいた。次句に行こう。

35. 魂の覚醒は、ブラフマンから起こる。
（3－2－8）

अतः प्रबोधोऽस्मात् ॥ ३ - २ - ८ ॥

アタハ・プラボード－スマート

（註）अतः 従って、प्रबोधः 覚醒が、अस्मात् ブラフマンから

　ブラフマン（魂の安息の場）への目覚めは、ヨーガの状態である。ChhUp.の（6－10－2）が参照され「熟眠時に体験出来るブラフマンとの合一」が、河と海の譬えで述べられている。

36. さらに、ブラフマンは、献身的な愛によって分かる。
（3－2－24）

अपि संराधने प्रत्यक्षामानाभ्याम् ॥ ३ - २ - २४ ॥
アピ・サムラーダネー・プラッティヤクシャーマーナービヤーム

（註）अपि さらに、संराधने 献身的な愛によって、प्रत्यक्ष 直観や、अनुमानाभ्याम् 推論から、

　この詩句で、「直観や推論から」と言っているのは、シュルティやスムリティにそのように述べられている、という意味で、今まで見てきたように、すべての詩句はウパニシャッドを根拠とし、各ダルシャナはその解釈・推論としてスムリティを著した。サーンキャ・カーリカー、ヨーガスートラ、そして、このブラフマ・スートラも同じである。ここでは、MunUp.（3－1－8）が参照されている。シャンカラは、サムラーダネー（संराधने）を「献身的な愛」とはせずに、「サマーディによって」と解説している。瞑想とサマーディとは異なるので、これも非常に適切な解説である。

ブラフマンとの合一

37. かくして、ジーヴァートマン（魂）は、ブラフマンと一つになった。（3－2－26）

अतोऽनन्तेन तथाहि लिङ्गम् ॥ ३ - २ - २६ ॥

アトーナンテーナ・タターヒ・リンガム

(註) अतः 直観により、अनन्तेन ブラフマンの恩恵によって、तथा かくして、
  हि なぜなら、लिङ्गम् シュルティに、

　ここでも同じように MunUp.（3－2－9）が参照されている。魂がブッディ（純粋知性）そのものになり、それは主の恩恵、至高の愛によって、われわれはこのブラフマンとの一体化を果たすことが出来る。

　ここで、「まえがき」に挙げたマドレーヌ・ビアルドーの言葉をもう一度思い出してほしい。

ヨーガへの究極の目標を、（サーンキャのように）プルシャとの合一とする場合と（ヴェーダーンタのように）ブラフマンとの合一とする２つがあり、名前に好みはあるが、両者に違いはない。

　ヴェーダーンタ・ダルシャナでは、シュルティであるウパニシャッドを根拠として、「ブラフマスートラ」を著した。ここではサーンキャ・ダルシャナやヨーガ・ダルシャナと違って「ブラフマンとの合一」をヨーガとしたのである。そして、MB の言うように、「プルシャとの合一」としても、「ブラフマンとの合一」としても表現こそ違え全く同じことを述べていることに気がつかれるであろう。

　以上で、「ブラフマスートラ」の解説を終わる。

第2部　ブラフマスートラ入門

参考文献

1. *Brahma Sutra Bhasya of Shankaracharya*:
2. *Vedānta Sūtras of Bādarāyaṇa*:
3. *Brahma Sutras*: Srī Svamī Sivananda
4. *L'INDE CLQSSIQUE MANUEL DES ETUDES INDIENNE: TOME PREMIER*：Louis Renou et Jean Fiolizat
5. *History of caste in India*　：S.V.Ketkar
6. *112 Upaniṣads* by K.L.Joshi,O.N.Bimali, Bindiya Trivedi
7. *Cāndogya and Kauṣītaki Upaniṣad*　by E.Roer, R.L.Mitra, E.B.Cowell
8. *Bṛhadāraṇyaka Upaniṣads* by Nitya Chaitanya Yati
9. *The Taittirīya Upaniṣad*：by Svāmī Muni Narayana Prasāda
10. *Kauṣītaki Brāhmaṇa Upaniṣad* E.R.Srī Kṛṣṇa Śarma
11. *Kaṭha Upaniṣad* by Svāmī Muni Narayana Prasāda
12. 『ハタヨーガからラージャヨーガへ』真下尊吉
13. 『サーンキャとヨーガ』真下尊吉
14. 『サンスクリット原典から学ぶ・般若心経入門』真下尊吉

第3部

サーンキャカーリカー入門（続）

The guide of Sāṃkhyakaārikā (part two)

凡　例

1．拙著『サーンキャとヨーガ』の第1部「サーンキャカーリカー入門」の「続編」として残りの詩句を解説したものである。そのため、番号は連番とし、本書の開始番号は、**37．**からとなる。
2．各詩句は、①邦訳 ②原文と読み ③語釈 ④解説の順になっている。なお、読みについては、サンディを解いた形としている。

第3部　参考文献

1. *SĀMKHYAKĀRIKĀ of ĪSVARAKṚṢṆA*；T.G.Mainkar
2. *THE SAMKHA PHILOSOPHY / THE SACRED BOOKS OF HINDUS　VOL II*
3. *SĀMKHYAKĀRIKĀ of ĪSVARAKṚṢṆA*；S.S.Suryanara Sastri
4. ईश्वरकृष्णविरचिता सांख्यकारिका；आचार्यनिगम शर्मा
5. *The Sāṅkhya Philosophy*；S.G.Weerasinghe
6. *CLASSICAL SĀMKHYA*；G.J.Larson
7. *Sāṃkhya Yoga Epistemology*；M.Biswas
8. *YUKTIDĪPIKĀ　VOL.1 & VOL.2*；Shiv KUMAR & D.N.Bhargava
9. *THE YAJURVEDA*　；Devi Chand M.A.
10. *Śvetāśvatara Upaniṣad*；Svāmī Gambhīrānanda
11. 『サーンキャとヨーガ』真下尊吉

正しい３つの認識方法

37. 確かな知識は、次の３つの方法によって得られる。直接的知覚、推論、信頼すべき人の言葉。（４）

दृष्टमनुमानमाप्तवचनं च सर्वप्रमाणसिद्धत्वात् ।
ドゥリシュタム・アヌマーナム・アープタヴァチャナム・チャ・サルヴァ・プラマーナ・シッダトヴァート
त्रिविधं प्रमाणमिष्टं प्रमेयसिद्धिः प्रमाणाद्धि ॥४॥
トリヴィダム・プラマーナム・イシュタム・プラメーヤ・シッディヒ・プラマーナート・ヒ

（註）दृष्टम् 直接的知覚、अनुमानम् 推論、आप्तवचनं 信頼すべき人の言葉、च そして、सर्व - प्रमाण - सिद्धत्वात् すべて証明できる、त्रिविधं ３つ、प्रमाणम् 証明、इष्ट 願い、प्रमेय- सिद्धिः 証明されるべき事柄、प्रमाणात् この３つから、हि まさに、

38. 直接的知覚とは、見えているものを、ありのまま受け取ることであり、推論は、何かの兆しによって知ること、また、信頼できる先達や経典によって正しい知識を得ることが出来る。（５）

प्रतिविषयाध्यवसायो दृष्टं त्रिविधमनुमानमाख्यातम् ।
プラティヴィシャヤ・アディヤヴァサーヤハ・ドゥリシュタム・トゥリヴィダム・アヌマーナム・アーキャータム

第3部　サーンキャカーリカー入門（続）

तल्लिङ्गलिङ्गिपूर्वकं आप्तश्रुतिराप्तवचनं च ॥५॥
タット・リンガ リンギ ・プールヴァカム・アープタ・シュルティヒ・アープタ・ヴァチャナム・チャ

(註) प्रतिविषय- अध्यवसायः 感覚器官によってそれぞれの対象を確定する、दृष्टं 見えているまま、そのまま त्रिविधम् 3つ、अनुमानम् 推論、तत् それ、लिङ्गलिङ्गि －पूर्वकं 前兆、आप्त 信頼できる、श्रुति シュルティ、आप्त －वचनं 信頼出来る人の言葉、च そして、

　リンガ（लिङ्ग）とは「その存在を予想させる表示、暗示された徴（しるし）、表れ」、リンギ（लिङ्गि）とは「姿を現すこと、出現」である。

39．通常、（正しい知識は）感覚器官では把握できないが、直接的知覚によっても、推論によっても、分からない場合には、信頼できる人の言葉が頼りになる。（6）

सामान्यतस्तु दृष्टादतीन्द्रियाणां प्रसिद्धिरनुमानात् ।
サーマーニヤタハ・トゥ・ドゥリシュタート・アティインドゥリヤーナーム・プラシッディヒ・アヌマーナート
तस्मादपि चासिद्धं परोक्षमाप्तागमात् सिद्धम् ॥ ६॥
タスマート・アピ・チャ・アシッダム・パロークシャム・アープタ・アーガーマート・シッダム

(註) सामान्यत 通常、तु しかし、दृष्टात् 直接的知覚、अतीन्द्रियाणां 感覚器官では把握できないことが多いので、प्रसिद्धिः 頼りになる、अनुमानात् 推論、तस्मात् ～から、अपि च ～からも、असिद्धं 確立できない、परोक्षम् それを超える、आप्तागमात् る信頼出来る人の言葉、सिद्धम् 証明、

240

この３詩句は、「ヨーガスートラ」にも見受けられるが、インドの各ダルシャナは、すべて、この３つを正しい認識、知識獲得の方法として採用している。直接的知覚のドゥリシュタム（दृष्टम्）とは、「見えている、そのまま」という意味である。そして、**３８．**の**リンガリンギ・プールヴァカ（लिङ्गलिङ्गि － पूर्वक）」**とは、「前兆によって」という意味で、**各ダルシャナは、シュルティ（श्रुति）**であるヴェーダ、ウパニシャッドを根源とした**推論のスムリティ（स्मृति）**である。

認識できないものの証明

４０．展開前のプラクリティは、認識できないが、顕れたものはグナの作用である。プルシャは、グナとは無縁で目には見えないが、その存在の証明は成り立つ。何故なら、常に根源のないものは現れないからである。（１４）

अविवेक्यादि सिद्धः त्रैगुण्यात्तद्विपर्ययाभावात् ।
アヴィヴェーキ・アーディ・シッダハ・トライグンニャート・タット・ヴィパルヤヤ・アーバーヴァート
कारणगुणात्मकत्वात् कार्यस्याव्यक्तमपि सिद्धम्　॥१२॥
カーラナ・グナ・アートマカトヴァート・カールヤスヤ・アヴィヤクタム・アピ・シッダム
　（註）अविवेकि　認識できない、आदेः　などから、सिद्धः　証明、
　　　त्रैगुण्यात्　３グナ、तत् － विपर्यय － अभावात्　その反対、कारण －
　　　गुण － आत्मकत्वात्　グナの働きとその結果から、कार्यस्य　結果の、
　　　अव्यक्तम्　目に見えない、सिद्धम्　証明、

第3部　サーンキャカーリカー入門（続）

　認識できない状態（アヴィヤクタ）をどのように理解すべきかが述べられている。

原因と結果

41. （マハット以下）展開されるものは、有限であり、その基は目に見えない（アヴィヤクタ）もの、エネルギーが姿を変えたものである。従って、生まれたものは、基と同じものの変化した宇宙の姿である。（１５）

भेदानां परिमाणात् , समन्वयात् , शक्तितः प्रवृत्तेश्च ।
ヴェーダーナーム・パリマーナート・サマンヴァヤート・シャクティタハ・プラヴリッテヘ・チャ
कारणकार्यविभागात् , अविभागाद्वैश्वरूप्यस्य ॥१५॥
カーラナ・カールヤ・ヴィバーガート・アヴィバーガート・ヴァイシュヴァルーピヤスヤ

　（註）भेदानां　展開するもの、परिमाणात्　有限、समन्वयात्　同じ一つのものから、शक्तितः　エネルギーから、प्रवृत्ते　生ずる、च　そして、कारण - कार्य - विभागात्　根源と顕れたものの違い、अविभागात्　再結合、वैश्वरूप्यस्य　顕れたものの、

42. （マハット以下の）基であるアヴィヤクタは、３つのグナから構成され、その組み合わせによって、（例えば）水のようにその姿を変える。（１６）

कारणमस्त्यव्यक्तं प्रवर्तते त्रिगुणतः समुदयाच्च ।
カーラナム・アスティ・アヴィヤクタム・プラヴァルタテー・トリグナタハ・サムダヤート・

チャ
परिणामतः सलिलवत् प्रतिप्रतिगुणाश्रयविशेषात् ॥१६॥
パリナーマタハ・サリラヴ アット・プラティプラティ・グナ・アーシュラヤ・
ヴィシェーシャート

(註) कारणम् 元、अस्ति 存在、अव्यक्तं 目に見えない、प्रवर्तते 展開する、
त्रिगुणतः 3グナ、समुदयात् 組み合わせから、च ～と、परिणामतः 別
の姿へと、सलिलवत् 水のように、प्रतिप्रति- गुण - आश्रय – विशेषात् 3
グナの組み合わせの変化によって、

　根源（ある原因）があり、そこから展開した姿（結果）は、形が変わって顕れたもので、同じ一つのものに過ぎない。

プルシャ～その２

４３．誕生、死、感覚器官・行動器官は、一人一人に割り当てられているので、すべての人に、同時に起こることはない。つまり、３つのグナは、一人一人別々に働く。これは、プルシャが一人一人別々に関わっている証拠である。（１８）

जननमरणकरणानां प्रतिनियमादयुगपत्प्रवृत्तेश्च ।
ジャナナ・マラナ・カラナーナーム・プラティニヤマート・アユガ パット・プラヴリッテヘ・チャ
पुरुषबहुत्वं सिद्धं त्रैगुण्यविपर्ययाच्चैव ॥१८॥
プルシャ・バフトゥヴ アム・シッダム・トゥライグ ニャ・ヴィパルヤート・チャ・エーヴ ァ

(註) जनन 誕生、मरण 死、करणानां 感覚器官と行動器官、प्रतिनियमात् 割

243

第3部　サーンキャカーリカー入門（続）

り当て、अयुगपत् 同時に、प्रवृत्तेः 活動から、च 〜も、पुरुष–बहुत्वं プルシャは複数と、सिद्धं 推論、त्रैगुण्य–विपर्यात् グナは多様な組み合わせがあるから、च एव まさに、

　３グナの組み合わせは多様であり、誕生から死まで、各人の活動は一人一人別々である。しかし、プルシャは１つであって、複数存在する訳ではない。個々に一瞥を与え、展開が始まってわれわれの存在もある。これは、後にヴェーダーンタ・ダルシャナでは、ブラフマンとジーヴァートマンとして表現されたことである。（２１９頁参照）

44．３グナからなるプラクリティと異なり、プルシャは一つ、観察者であり、苦しみや享楽とは無縁の、観客であり、行為には関わらない。（１９）

तस्माच्च विपर्यासात् सिद्धं सक्षित्वमस्य पुरुषस्य ।
タスマート・チャ・ヴィパルヤーサート・シッダン・サクシットヴァム・アスヤ・プルシャスヤ
कैवल्यं माध्यस्थ्यं द्रष्टृत्वमकर्तृभावश्च ॥१९॥
カイヴァルヤム・マーディヤスティヤム・ドゥラシュトゥリットヴァム・アカルトゥリ・バーヴァハ・チャ

　　（註）तस्मात् 従って、विपर्यासात् そうではなく、सिद्धं 説明される、सक्षित्वम् 観察者、अस्य この、पुरुषस्य プルシャの、कैवल्यं ただ一つ、माध्यस्थ्यं 〜には無縁の、द्रष्टृत्वम् 観察者として、अकर्तृभाव 行為者ではなく、च しかも、

　プルシャの３つの特徴が述べられている。それは、

①観察者であること
②ただ一つの存在
③行為者ではないこと

プラクリティの展開

45．プラクリティからマハットが、その後にアハンカーラをはじめ合計１６のものが生じ、さらに５つの粗大要素が生じる。
（２２）

प्रकृतेर्महान्, ततोऽहङ्कारः तस्माद्गणश्च षोडशकः ।
プラクリテヘ・マハーン・タタハ・アハンカーラハ・タスマート・ガナハ・チャ・ショーダ゛シャカハ
तस्मादपि षोडशकात् पञ्चभ्यः पञ्च भूतानि ॥२२॥
タスマート・アピ・ショーダ゛シャカート・パンチャビ゛ヤハ・パンチャ・ブ゛ーターニ

註）प्रकृतेः プラクリティから、महान् マハット、ततः （マハット）から、अहङ्कारः アハンカーラ、तस्मात् （アハンカーラ）から、गणः グループが、च ～と、षोडशकः １６から、तस्मात् अपि これから、षोडशकात् １６から、पञ्चभ्यः ５つが、पञ्च － भूतानि ５つの粗大要素が、

　展開図は、７３頁や詳しくは、拙著『サーンキャとヨーガ』（２８頁）を参照されたい。

第3部　サーンキャカーリカー入門（続）

創造の２つのルート

46．ヴァイクリタ・アハンカーラから、１１のサトヴィックなものが生まれ、ブーターディ・アハンカーラから、ターマシックなタンマートラが生まれる。タイジャサ・アハンカーラは、この両方の手助けをする。（２５）

सात्त्विक एकादशकः प्रवर्तते वैकृतादहङ्कारात् ।
サートヴィカ・エーカーダシャカハ・プラヴァルタテー・ヴァイクリタートゥ・アハンカーラート
भूतादेस्तन्मात्रः स तामसः, तेजसादुभयम् ॥२५॥
ブーターデーヘ・タンマートラハ・サ・ターマサハ・タイジャサードゥバヤム

(註) सात्त्विकः　サトヴィックな、एकादशकः　１１、प्रवर्तते　展開する、वैकृतात्　ヴァイクリタ、अहङ्कारात्　アハンカーラ、भूतादेः　ブーターディ、तन्मात्रः　タンマートラ、स　それ、तामसः　ターマシックな、तेजसात्　タイジャサ、उभयम्　両方に、

アハンカーラから２つの方向への展開の流れが説明されている。一つの流れは、サートヴィックな（सात्त्विक）ヴァイクリタ（वैकृत）として１１のもの（５つの感覚器官、心、５つの行動器官）を生み、もう一つの流れは、ターマシック（तामस）なブーターディ（भूतादि）として５つのタンマートラを生む。

感覚器官と行動器官

47．感覚器官は、眼、耳、鼻、舌、皮膚であり、言葉を話すこと、

手、足、排泄器官、生殖器官は、行動器官と言われる。(26)

बुद्धीन्द्रियाणि चक्षुःश्रोत्रघ्राणरसनस्पर्शनकानि ।
ブッディ・インドリヤーニ・チャクシュフ・シュロートラ・ガラーナ・ラサナ・スパルシャン・アカーニ
वाक्पाणिपादपायूपस्थान् कर्मेन्द्रियाण्याहुः ॥२६॥
ヴァーク・パーニ・パーダ・パーユ・ウパスターン・カルメーンドリヤーニ・アーフフ

(註) बुद्धि - इन्द्रियाणि 感覚器官、चक्षुः 目、श्रोत्र 耳、घ्राण 鼻、रसन 舌、स्पर्शनकानि 皮膚、वाक् 言葉を話すこと、पाणि 手、पाद 脚、足、पायु 排泄器官、उपस्थान् 生殖器官、कर्मेन्द्रियाणि 行動器官、आहुः 〜と言われる、

48. 感覚器官の働きは、音など（形、触覚、臭い、味）と考えられ、行動器官は、（言葉の）発声、手（掴むこと）、足（移動すること）排泄、生殖（性的快楽）の5つである。(28)

शब्दादिषु पञ्चानामालोचनमात्रमिष्यते वृत्तिः ।
シャブダーディーシュ・パンチャーナーム・アーローチャナマートラム・イシャテー・ヴリッティヒ
वचनादानविहरणोत्सर्गानन्दाश्च पञ्चानाम् ॥२८॥
ヴァーチャナーダーナ・ヴィハラナ・ウッサルガ・アーナンダ シュチャ・パンチャーナーム

(註) शब्द - आदिषु 音など、पञ्चानाम् 5つの名前、आलोचन - मात्रम् 見ることなど、इष्यते 〜と考えられる、वृत्तिः 機能、वचन 話すこと、आदान 掴むこと、विहरण 移動すること、उत्सर्ग 排泄、आनन्दाः 生殖、च 〜と、पञ्चानाम् 5つの行動器官、

49. 知覚出来る対象に関しては、4つ、つまり内的器官（ブッディ、アハンカーラ、心）と感覚器官がそれぞれ同時に働

第3部　サーンキャカーリカー入門（続）

く。知覚できない対象には、それに先立ち、内的器官が作用する。（３０）

युगपचतुष्टयस्य तु वृत्तिः क्रमशश्च तस्य निर्दिष्टा ।
ユガパット・チャトゥシュタヤスヤ・トゥ・ヴリッティヒ・クラマシャハ・チャ・タスヤ・ニルディシュター

दृष्टे तथाप्यदृष्टे त्रयस्य तत्पूर्विका वृत्तिः ॥३०॥
ドゥリシュテー・タターピ・アドゥリシュテー・トラヤスヤ・タットプールヴィカー・ヴリッティヒ

（註）युगपत् 同時に、चतुष्टयस्य ４つ、तु しかし、वृत्तिः 機能、क्रमशः 順に、च そして、तस्य その、निर्दिष्टा 指す、दृष्टे 知覚できるもの、तथापि それで、अदृष्टे 知覚できぬもの、त्रयस्य ３つの、तत्पूर्विका ～に先立ち、वृत्तिः 機能、

　内的器官のうち心がすべてに先立ち、アハンカーラは、認識と物事の決定に方向性を与え、ブッディは、認識・行動共に、決断を下す。

５０．人の身体の器官は、内的（３）・外的器官（１０）の合計１３あり、それぞれ把握、保持、照らし出す働きがある。その働きとは、対象の把握、保持、顕わにすることで１０種ある。
　　　　　　　　　　　　　　　　　　　　　　　　（３２）

करणं त्रयोदशविधं तदाहरणधारणप्रकाशकरम् ।
カラナム・トゥラヨーダシャヴィダン・タダーハラナダーラナ・プラカーシャカラム

कार्यं च तस्य दशधाऽऽहार्यं धार्यं प्रकाश्यं च ॥३२॥
カールヤム・チャ・タスヤ・ダシャダー・アーハールヤム・ダールヤム・プラカーシャム・チャ

(註) करणं 内的器官、外的器官　त्रयोदशविधं　１３、तत्　それ、आहरण　把握、
धारण　保持、प्रकाशकरम्　照らし出す、कार्य　対象、च　そして、
तस्य　その、दशधा　１０、आहार्यं　把握、धार्यं　保持、प्रकाश्यं　開示、

ヴァーチャスパティによれば、感覚器官（見る、聴く、嗅ぐ、触る、味わう）、行動器官（発声、手、足、排泄、生殖）それぞれの機能をディヴィヤ（दिव्य）、アディヴィヤ（अदिव्य）の２タイプとしているので、５×２倍＝１０となる。

内的器官

51．内的器官は（ブッディ、アハンカーラ、心の）３つであり、外的器官は、それによって対象に働くので、（５つの感覚器官と５つの行動器官の）合計１０である。外的器官は現在にのみ、内的器官は過去、現在、未来に機能する。（33）

अन्तःकरणं त्रिविधं दशधा बाह्यं त्रयस्य विषयाख्यम् ।
アンタハカラナム・トゥリヴィダム・ダシャダー・バーヒヤム・トゥラヤスヤ・ヴィシャヤーキャム
साम्प्रतकालं बाह्यं त्रिकालमाभ्यन्तरं करणम् ॥३३॥
サームプラタカーラム・バーヒヤム・トゥリカーラマービャンタラム・カラナム

(註) अन्तःकरणं　内的器官、त्रिविधं　３つ、दशधा　１０、बाह्यं　外的器官、त्रयस्य　３つの、विषयाख्यम्　対象に、साम्प्रतकालं　現在にのみ、त्रिकालम्　３つの時（過去、現在、未来）、आभ्यन्तरं　内的、करण　器官、

外的器官、例えば、眼は、現在目の前にあるものを見、耳は現在

の音を聴いている。ところが、内的器官の3つは、現在のみならず過去、未来にも機能する。特に、アンタハカラナ（अन्तःकरण）と言えば「心（マナス मनस्）」に代表されるように、パタンジャリは「ヨーガスートラ」で過去・現在・未来に渡って休むことなく動き回るから、「ヨーガハ・チッタ・ヴリッティ・ニローダハ（योगश्चित्तवृत्तिनिरोधः ॥२॥）」をヨーガの定義とした。

　ここで46．〜51．までのアハンカーラからの2つの流れ、内的器官と感覚器官・行動器官の外的器官をまとめて作成した新たな展開図を提示しておこう。拙著『サーンキャとヨーガ』28頁で示したイラストを発展させた図で、特に、内的器官（ブッディ、アハンカーラ、心）と外的器官（感覚器官、行動器官）の関係をこの図でよく理解しておいてほしい。

　マハットからの展開において、アハンカーラからの2つの方向への流れが生じる。1つは、タイジャサ・アハンカーラ、もう1つは、ブーターディ・アハンカーラの流れである。ラジャ・グナ優勢の流れがタイジャサ・アハンカーラ、タマ・グナ優勢の流れがブーターディ・アハンカーラの流れである。そして、それぞれ前者は、5つの感覚器官と5つの行動器官と心の合計11を生み、後者は、音、触覚、形、臭い、味の5つのタンマートラを生じる。内的器官は、ブッディ、アハンカーラ、心の3つ、心は外的器官と共に働き、そこから得た情報はアハンカーラによって方向付けられ、ブッディが決定力として働く。そして、それぞれの新たなグナの優位性としてラグ（रघु 軽い light）、グル（गुरु 重い heavy）の観点からサットヴァ、ラジャ、タマが考えられている。

第3部　サーンキャーリカー入門（続）

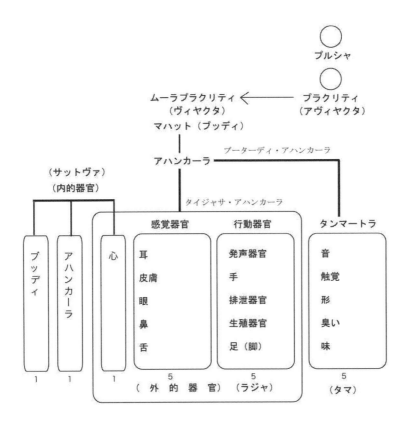

ブッディの働き

52．ブッディは、アハンカーラ、心と共に、常に対象を把握するので、内的器官が門衛とするならば、残りの器官は門のようなものである。（35）

第3部　サーンキャカーリカー入門（続）

> सान्तःकरणा बुद्धिः सर्वं विषयमवगाहते यस्मात् ।
> サーンタハカラナー・ブッディヒ・サルヴァム・ヴィシャヤム・アヴァガーハテー・ヤスマート
> तस्मात् त्रिविधं करणं द्वारि द्वाराणि शेषाणि ॥३५॥
> タスマート・トゥリヴィダム・カラナム・ドゥヴァーリ・ドゥヴァーラーニ・シェーシャーニ
>
> （註）सान्तःकरणा 内的器官と共に、बुद्धिः ヴッディハは、सर्वं すべての、विषयम् 対象を、अवगाहते 把握する、यस्मात् ので、तस्मात् 故に、त्रिविधं 3、करणं 器官、द्वारि 門衛、द्वाराणि 門、शेषाणि 残りの器官、

　内的器官が、門衛のようなものだと言っているのは、門（外界）から部屋に入ってくるものを常に監視するので、こちらが主体的であるという意味である。

５３．これら、外的器官、アハンカーラ、心は、グナが特別に変化したものなので、特有で相互に異なっている。従って、ランプにも似て、あたりを照らしだしてブッディに引き渡す。すべては、プルシャのためである。（３６）

> एते प्रदीपकल्पाः परस्परविलक्षणा गुणविशेषाः ।
> エテー・プラディーパカルパーハ・パラスパラヴィラクシャナーハ・グナヴィシェーシャーハ
> कृत्स्नं पुरुषस्यार्थं प्रकाश्य बुद्धौ प्रयच्छन्ति ॥३६॥
> クリッスナム・プルシャスヤ・アルタム・プラカーシャ・ブッダウ・プラヤッチャンティ
>
> （註）एते これら、प्रदीपकल्पाः ランプに似て、परस्परविलक्षणा 相互に異なる、गुणविशेषाः ３グナが特別に変化したもの、कृत्स्नं 全体、पुरुषस्य プルシャの、अर्थं 〜のため、प्रकाश्य 明らかにする、बुद्धौ ブッディに、प्रयच्छन्ति 引き渡す、

第3部　サーンキャカーリカー入門（続）

54. 他の器官は、すべてをブッディに差し出す。何故なら、すべてに関して、プルシャに気づかせるのはブッディだから。さらに、プルシャとプラクリティの違いに気づかせるのもブッディである。（37）

सर्वं प्रत्युपभोगं यस्मात् पुरुषस्य साधयति बुद्धिः ।
サルヴァム・プラティ・ウパボーガム・ヤスマート・プルシャスヤ・サーダヤティ・ブッディヒ
सैव च विशिनष्टि पुनः प्रधानपुरुषान्तरं सूक्ष्मम् ॥३७॥
サ・エーヴァ・チャ・ヴィシナシュティ・プナハ・プラダーナプルシャーンタラム・スークシュマム

（註）सर्वं すべて、प्रति ～に関して、उपभोगं 繋ぐ、यस्मात् ～なので、पुरुषस्य プルシャの、साधयति 引き起こす、बुद्धिः ブッディ、सा それ、एव 同じ、च ～も、विशिनष्टि 識別、पुनः 再び、प्रधानपुरुषान्तरं プルシャとプラクリティの違い、सूक्ष्मम् 微細で識別が困難、

ブッディの働きは、特別である。何故なら、ブッディは、個々のジーヴァ（魂）と組んで主体的にものごとを決定する。ということは、プルシャという鏡に反射して自らにはね返る。従って、ギーターの第6章（6−5）で述べられたように、自らを向上させ、決して下落させてはいけないのだ。何故なら、決定は、自己の魂のレベルから行われるからである。

粗大な要素

55. 微細な要素は捉えにくい。この微細な要素5つから、粗大な5つの要素が生まれる。この粗大な要素は、具体的で捉える

ことが出来、喜び、苦痛、愚かさなどを生み出す。(38)

तन्मात्राण्यविशेषाः तेभ्यो भूतानि पञ्चपञ्चभ्यः ।
タンマートラーニ・アヴィシェーシャーハ・テービヤハ・ブーターニ・パンチャ・パンチャビヤハ
एते स्मृता विशेषाः शान्ता घोराश्च मूढाश्च ॥३८॥
エーテー・スムリター・ヴィシェシャーハ・シャーンター・ドーラーハ・チャ・ムーダーハ・チャ

(註) तन्मात्राणि 微細要素、अविशेषाः 認識できない、तेभ्यः これから、भूतानि 粗大要素、पञ्च 5つ、पञ्चभ्यः 5つから、एते これら、स्मृताः 〜として知られる、विशेषाः 認識できる、शान्ताः 喜び、घोराः 苦痛、च そして、मूढाः 愚かさ、にぶさ、妄想、幻惑、

タン・マートラ (तन् - मात्र) とは、もともと、「それらの、部分」という意味である。例えば、私が密封容器に入れないでキムチを隠し持っていると、その臭いで分かる。従って、その各微細要素は、その粗大要素からきたものであるという推論が成り立つ。ヴィシュヌ・プラーナ (1-2-38) が参照されているようである。臭いは土 (地) から、味は水から、触は風からという具合に粗大要素が考えられた。これらは人が捉えることが出来、従って、喜び、苦痛、。妄想、愚かさなどの原因となる。

リンガの存在

56. 壁がなければ絵が架けられないように、影は棒・杭がなければ存在しない。従って、認識できるものも、リンガと呼ばれる微細なものなくしては存在できない。(41)

चित्रं यथाश्रयमृते स्थाण्वादिभ्यो विना यथाच्छाया ।
チットラム・ヤター シュラヤムリテー・スターヌヴ ァーディビ ヤハ・ヴ ィナー・ヤターッチャーヤー
तद्वदिनाऽविशेषैर्न तिष्ठति निराश्रयं लिङ्गम् ॥४९॥
タドゥヴ ァット・ヴ ィナー・アヴ ィシェーシャイヒ・ナ・ティシュタティ・ニラーシュラヤム・リンガ ム

（註）चित्रं 絵、यथा ～のように、आश्रयमृते 支えがなければ、स्थाण्वादिभ्यः 棒、विना なければ、छाया 影、तद्वत् 同様に、विना なければ、अविशेषैः 粗大なもの、न ない、तिष्ठति 存在する、निराश्रयं 支えがない、लिङ्गम् 微細な身体、

ヴィシェーシャ（विशेष）とは「微細なもの」アヴィシェーシャ（अविशेष）とは、「粗大なもの」という意味で、背後に必ず微細なものの存在がある。つまり、影は、棒や杭がないと存在しない。

生得の気質

５７．先天的な気質とは、生得的なもの、自然に備わるものなどであるが、育つ環境や知性によって徳などが後天的に備わる。母系の胎芽や筋肉、血液、なども内在していたものが身体に現れる。（４３）

सांसिद्धिकाश्च भावाः प्राकृतिका वैकृतिकाश्च धर्माद्याः ।
サーンシッデ ィカーハ・チャ・バ ーヴ ァーハ・プ ラークリティカー・ヴ ァイクリティカーハ・チャ・ダ ルマド ゥヤーハ
दृष्टाः करणाश्रियिणश्च कललाद्याः ॥४०॥
ド ゥリシュターハ・カラナーシュラグ リイカハ・チャ・カララード ゥヤーハ（４３）

（註）सांसिद्धिकाः 先天的の、च そして、भावाः 気質、प्राकृतिकाः 自然に

255

第3部　サーンキャカーリカー入門（続）

備わるもの、वैकृतिकाः　後天的に変異、च　そして、धर्म - आद्याः　徳など、दृष्टाः　見られた、करण - आश्रयिण　ブッディ、कार्य - आश्रयिण　結果顕れる、कललाद्याः　胎芽、

先天的な気質、自然に備わるもの、後に顕れる気質が述べられている。

善・悪と浄・不浄

58. 善・徳を通じて人は向上する。邪悪・悪徳により人は堕落する。知識によって自由を得る。逆に、理解のなさは緊縛を生む。（44）

धर्मेण गमनमूर्द्ध्वगमनमधस्ताद् भवत्यधर्मेण ।
ダルメーナ・ガマナム・ウールッドゥヴァム・ガマナム・アダスタート・バヴァティ・アダルメーナ
ज्ञानेन चापवर्गो विपर्ययादिष्यते बन्धः ॥४४॥
ギャーネーナ・チャ・アパヴァルガハ・ヴィパルヤヤート・イシュヤテー・バンダハ

　（註）धर्मेण　善・徳により、गमनम्　行く、ऊर्द्ध्व　上へ、अधस्तात्　下へ、भवति　〜である、अधर्मेण　邪悪・悪徳により、ज्ञानेन　知識によって、च　そして、अपवर्गः　自由にする、विपर्ययात्　逆に、इष्यते　〜と考えられる、बन्धः　束縛、

生得的なものは、その後、徐々にブッディに変化をもたらし、個々のジーヴァ（魂）のレベルが上下する。善・徳は浄、邪悪・悪徳は不浄を意味する。

第3部　サーンキャカーリカー入門（続）

59. 執着・愛着がなければ、プラクリティの中に吸収されるが、ラジャグナによる激情から、また遊走は始まる。至高の力が上まわると障害はなくなるが、そうでないと逆になる。（４５）

वैराग्यात् प्रकृतिलयः संसारो भवति राजसाद्रागात् ।
ヴァイラーギャート・プラクリティラヤハ・サンサーロー・バヴァティ・ラージャサードゥラーガート

ऐश्वर्यादविघातो विपर्ययात् तद्विपर्यासः ॥४५॥
アイシュヴァルヤート・アヴィガータハ・ヴィパルヤヤート・タドゥヴィパルヤーサハ

（註）वैराग्यात् 執着から離れると、प्रकृतिलयः プラクリティの中に吸収、संसार 移る、भवति 〜になる、राजसात् ラジャから生まれる、रागात् 激情から、ऐश्वर्यात् （至高の力）によって、अविघातः 妨げがなく、विपर्ययात् 逆に、तत् - विपर्यासः 反転する、

60. 理解力（気づき）のなさには、５種類がある。器官の欠陥に基づく無能力には２８種類あり、自己満足には９種類、達成・成就には８種類がある。（４７）

पञ्च विपर्ययभेदा भवन्त्यशक्तिश्च करणवैकल्यात् ।
パンチャ・ヴィパルヤヤベーダーハ・バヴァンティ・アシャクティヒ・チャ・カラナヴァイカルヤート

अष्टाविंशतिभेदा तुष्टिर्नवधाऽष्टधा सिद्धिः ॥४७॥
アシュターヴィンシャティベーダー・トゥシュティヒ・ナヴァダー・アシュタダー・シッディヒ

（註）पञ्च ５、विपर्यय - भेदाः 分類、भवन्ति 〜がある、अशक्तिः 無能力、च そして、करणवैकल्यात् 器官の損傷、अष्टाविंशतिभेदा ２８、तुष्टिः 自己満足、नवधा ９、अष्टधा ８、सिद्धिः 成就、

257

第3部　サーンキャカーリカー入門（続）

　「ヨーガスートラ」（2－3）は、この47詩句（と48詩句、拙著58頁参照）を参照している。気づきのなさ（अविद्या）、私感覚（अस्मिता）、執着（राग）、憎しみ（द्वेष）、この状態がいつまでも続いてほしいという願い（अभिनिवेश）は、サーンキャの、タマ（तमसः）、モーハ（मोहः）、マハーモーハ（महामोहः）、ターミスラ（तामिस्रः）、アンダターミスラ（अन्धतामिस्रः）に相当する。パンチャ（5）は、その意味である。

ブッディの損傷とその影響

61．ブッディの損傷を伴う11の器官の欠陥は、無能力を生じ、達成・成就を顚倒させる17のブッディの損傷を生む。（49）

एकादशेन्द्रियवधाः सह बुद्धिवधैरशक्तिरुदिष्टा ।
エーカーダシェーンドゥリヤヴァダーハ・サハ・ブッディヴァダイヒ・アシャクティヒ・ウッディシュタ

सप्तदश वधा बुद्धेर्विपर्ययात् तुष्टिसिद्धीनाम् ॥४९॥
サプタダシャ・ヴァダーハ・ブッデヘ・ヴィパルヤヤート・トゥシュティシッディーナーム

(註) एकादश - इन्द्रिय - वधाः　11の器官の損傷、सह　～と共に、बुद्धिवधै　ブッディの損傷、अशक्तिः　無能力、उदिष्टा　～と言われる、सप्तदश　वधा 17の損傷、बुद्धे　ブッディの、विपर्ययात्　顚倒させる、तुष्टि - सिद्धीनाम्　達成と成就、

　先天的に、聾唖、盲目などの障がいがある場合が、この11の中に挙げられている。

第3部 サーンキャカーリカー入門（続）

満足感

62. 満足感には9つあり、そのうち4つは、内的なものでプラクリティの理解による充実感や物質的、時、幸運によるものである。外的な満足感の5つは、享楽の対象から離れた時のものである。（50）

आध्यात्मिकाश्चतस्रः प्रकृत्युपादानकालभाग्याख्याः ।
アーディヤートミカーハ・チャ・タスラハ・プラクリティ・ウパーダーナ・カーラ・バーギャ・アキャーハ
बाह्या विषयोपरमात् पञ्च, नव तुष्टयोऽभिहिताः ॥५०॥
バーヒャーハ・ヴィシャヨーパラマート・パンチャ・ナヴァ・トゥシュタヤハ・アビヒターハ

（註）आध्यात्मिका 内的な満足、चतस्रः 4、प्रकृति プラクリティ、उपादान 物質的、काल 時間、भाग्य 幸運、आख्याः ～と呼ばれる、बाह्याः 外的な、विषय-उपरमात् 対象の離脱から、पञ्च 5、नव 9、तुष्टय 満足感、अभिहिताः 示す、

成就・達成

63. 8つの成就・達成とは、論証、師からの導き、聖典の学習、良き友との出会い、慈しみの心を与えることであるが、3種の苦しみそれぞれからの脱却が主である。冒頭の3つは、無能力、理解のなさ、満足感がそれを制限する。（51）

ऊहः शब्दोऽध्ययनं दुःखविघातास्त्रयः सुहृत्प्राप्तिः ।
ウーハハ・シャブダハ・アディヤヤナム・ドゥフカヴィダーターハ・トラヤハ・スフリットプラプティ

259

第3部　サーンキャカーリカー入門（続）

ヒ

दानं च सिद्धयोऽष्टौ सिद्धेः पूर्वोऽङ्कुशास्त्रिविधः ॥५१॥

ダーナム・チャ・シッダヤハ・アシュタウ・シッデーヘ・プールヴァハ・アンクシャハ・トゥリヴィッダハ

(註) ऊहः　論証、शब्दः　師からの導き、अध्ययनं　聖典の学習、दुःखविघाताः　3種の苦しみ、त्रयः　3、सुहृत्प्रासिः　良き友との出会い、दानं　慈しみの心を与えること、च　そして、सिद्धयः　完成の域、अष्टौ　8、सिद्धेः　完成の、पूर्वः　上述の、अङ्कुशः　制限、拘束、त्रिविधः　3、

　3種の苦しみそれぞれから脱却こそサーンキャの目的であるので、この成就・達成が主であり、そのため5つの成就・達成がある。

その他

64. ブッディの創造がないと、微細要素の生成もなく、また、微細要素の創造がないとブッディの生成もない。従って、創造は、ブッディと微細要素の2方向へと進展する。（52）

न विना भावैर्लिङ्गं न विना लिङ्गेन भावनिर्वृत्तिः ।

ナ・ヴィナー・バーヴァイヒ・リンガム・ナ・ヴィナー・リンゲーナ・バーヴァニルヴリッティヒ

लिङ्गाख्यो भावाख्यस्तस्माद् द्विविधः प्रवर्तते सर्गः ॥५२॥

リンガーキヤハ・バーヴァ・アーキヤハ・タスマート・ドゥヴィヴィダハ・プラヴァルタテー・サルガハ

(註) न　ない、विना　～がないと、भावैः　ブッディの創造、लिङ्गं　微細要素、लिङ्गेन　微細要素によって、भावनिर्वृत्तिः　生成が止まる、लिङ्गाख्यः　सर्गः　論微細要素の生成、भावाख्य　ブッディの創造、तस्मात्　従って、द्विविधः　2つ、प्रवर्तते　進展、

260

65. 生きものとして創造されたものは、簡潔に述べれば、神に関するものが8種、人間に近いものに関して5種、人間に関しては1種である。(53)

अष्टविकल्पो दैवस्तैर्यग्योनश्च पञ्चधा भवति ।
アシュタヴィカルパハ・ダイヴァハ・タイルヤギョーナハ・チャ・パンチャダー・バヴァティ
मानुष्यश्चैकविधः समासतोऽयं भौतिकः सर्गः ॥५३॥
マーヌシャハ・チャ・エーカヴィダハ・サマーサタハ・アヤム・バウティカハ・サルガハ

(註) अष्टविकल्पः 8種ある、दैवः 神、तैर्यग्योनः 類人、च そして、पञ्चधा 5、भवति ある、मानुष्यः 人、एकविधः 1種類、समासतः 簡潔に言えば、अयंस この、भौतिकः 生きもの、सर्गः 創造、

神に関するものとは、ブラフマー (ब्रह्मा)、ガーンダルヴァ (गान्धर्व)、ヤークシャ (यक्ष)、ラークシャサ (राक्षस)、など、類人が、パシュ (पशु)、ムリガ (मृग)、パクシ (पक्षि) などである。

66. この世の創造は、上の領域は、サットヴァが優勢、下の領域は、タマで満ち満ち、真ん中の領域は、ラジャが優勢になっている。ちょうど、ブラフマンから始まり、草の根 (株) に及ぶように。(54)

ऊर्ध्व सत्त्वविशालस्तमोविशालश्च मूलतः सर्गः ।
ウールドゥヴァム・サットヴァヴィシャーラハ・タモーヴィシャーラハ・チャ・ムーラタハ・サルガハ
मध्ये रजोविशालो ब्रह्मादिस्तम्बपर्यन्तः ॥५४॥
マドゥエー・ラジョーヴィシャーラハ・ブラフマ・アーディ・スタムバ パルヤンタハ

(註) ऊर्ध्व この世で優位を占めるもの、सत्त्वविशालः サットヴァが優勢、तमोविशालः タマが優勢、च そして、मूलतः 最下位、सर्गः 創造、मध्ये 中位、रजोविशालः ラジャが優勢、ब्रह्मादि ブラフマンとともに始まり、स्तम्बपर्यन्तः 草の根（株）、

モークシャ

６７．ミルクそのものに、その意識がないにもかかわらず、仔牛が育つように、プラクリティの活動も、プルシャに気づくためである。（５７）

वत्सविवृद्धिनिमित्तं क्षीरस्य यथा प्रवृत्तिरज्ञस्य ।
ヴァッサヴィヴリッディニミッタム・クシーラスヤ・ヤター・プラヴリッティヒ・アギャスヤ
पुरुषविमोक्षनिमित्तं तथा प्रवृत्तिः प्रधानस्य ॥५७॥
プルシャヴィモークシャニミッタム・タター・プラヴリッティヒ・プラダーナスヤ

(註) वत्स - विवृद्धि - निमित्त 仔牛を育てるために、क्षीरस्य ミルクの、यथा 〜ように、प्रवृत्तिः 働き、अज्ञस्य 意識がない、पुरुष - विमोक्ष -निमित्त プルシャへの気づきのため、तथा それで、प्रवृत्तिः 働き、प्रधानस्य プラクリティの、

６８．プラクリティが、その目的を達成し活動を止めると、この身体も、微細な身体も分解して、魂は完全に解き放たれる。（６８）

प्राप्ते शरीरभेदे चरितार्थत्वात् प्रधानविनिवृत्तौ ।
プラープテー・シャリーラベーデー・チャリタールタットヴァート・プラダーナヴィニヴリッタウ
ऐकान्तिकमात्यन्तिकमुभयं कैवल्यमाप्नोति ॥६८॥

第3部　サーンキャカーリカー入門（続）

アイカーンティカム・アーティヤンティカム・ウバヤム・カイヴァルヤム・アープノーティ

(註) प्राप्ते 達成すると、शरीरभेदे 身体から分解して、चरितार्थत्वात् 目的を達して、प्रधान - विनिवृत्तौ プラクリティが活動を止めると、ऐकान्तिकम् 完全に、आत्यन्तिकम् 最終、उभयं 両方、कैवल्यम् 自由、

６２．（詩句５０）プラクリティの理解、６３．（詩句５１）３苦からの脱却、６７．（詩句５７）と６８．（詩句６８）モークシャという流れを理解することが大切。拙著『サーンキャとヨーガ』の６６頁〜６７頁も参照されたい。

伝承の恩恵

６９．生きものの根源、その辿る人生と終結を、瞑想によって導かれる最終目標、即ち、魂の解放の達成のための深遠な知識が、こうして偉大なリシ（聖者）によって詳説された。（６９）

पुरुषार्थज्ञानमिदं गुह्यं परमर्षिणा समाख्यातम् ।
プルシャールタギャーナム・イダム・グヒャム・パラマルシナー・サマーキャータム
स्थित्युत्पत्तिप्रलयाश्चिन्त्यन्ते यत्र भूतानाम् ॥६९॥
スティティ・ウットパッティプララヤハ・チントヤンテー・ヤットラ・ブーターナーム

(註) पुरुषार्थज्ञानम् 完全に自由になる智慧、इदं この、गुह्यं 深遠な知識、परम - ऋषिणा 偉大リシによって、समाख्यातम् 詳説された、स्थिति - उत्पत्ति - प्रलया 根源、経過、結末、चिन्त्यन्ते 論議され、यत्र この中で、भूतानाम् 生きもの、

偉大なリシとは、当然、サーンキャ・ダルシャナの創始者と言われるカピラのことである。

263

第3部　サーンキャカーリカー入門（続）

７０．思いやりを持って、この優れて清浄なる知識を聖者は、アースリに、アースリは、パンチャシカに伝えた。彼によって、その教えは丹念に練り上げられた。（７０）

एतत्पवित्रमग्र्यं मुनिरासुरयेऽनुकम्पया प्रददौ ।
エータットパヴィトラム・アグラヤム・ムニヒ・アースラエー・アヌカムパヤー・プラダダウ
आसुरिरपि पञ्चशिखाय तेन च बहुधा कृतं तन्त्रम् ॥७०॥
アースリヒ・アピ・パンチャシカーヤ・テーナ・チャ・バフダー・クリタム・タントラム

（註）एतत् この、पवित्रम् 清浄な、अग्र्यम् 主たる、मुनिः 聖者、आसुरये アースリに、अनुकम्पया 思いやりを持って、प्रददौ 教え、आसुरिः アースリは、अपि また、पञ्चशिखाय パンチャシカに、तेन 彼によって、च そして、बहुधा - कृतं 丹念に練り上げられた、तन्त्रम् 体系、

　パヴィットラ（清浄な教え、知識 पवित्रम्）とは、拙著の『サーンキャとヨーガ』９．（４０頁）で提示した、「サーンキャ・カーリカー」１番目の詩句で述べられた目的、即ち、「３種類の苦しみを取り除く教え」が以上のように述べられたことを意味している。そして、その教えは、創始者のカピラからアースリに、彼からパンチャシカに伝えられ、入念に練り上げられていった。その伝承の重要性を説いている。

　以上で、「サーンキャカーリカー・イーシュワラクリシュナ」７０の詩句を読んだことになるが、実は、全部で７２の詩句がある。それを次に掲げる。

第3部　サーンキャカーリカー入門（続）

71．弟子たちによって伝承されてきたこの知識を、イーシュワラクリシュナは敬虔な気持で、聖なる（アーリヤ）詩句にまとめ、完全なる理解のもと、詳細に解説した。（71）

शिष्यपरम्परयाऽऽगतमीश्वरकृष्णेन स चैतदार्याभिः ।
シシャパラムパラヤー・アーガタム・イーシュワラクリシュネーナ・サハ・チャ・エータット・アールヤービヒ
संक्षिप्तमार्यमतिना सम्यग्विज्ञाय सिद्धान्तम् ॥७१॥
サムクシプタム・アールヤマティナー・サムミャク・ヴィギャーヤ・シッダーンタム

（註）शिष्यपरम्परया 弟子達の伝承によって、आगतम् 受け継がれた、ईश्वरकृष्णेन イーシュワラクリシュナによって、स この、च 〜と、एतत् この、आर्याभिः 聖なる、संक्षिप्तम् 要約、आर्यमतिना 敬虔な気持で、सम्यक् 完全な、विज्ञाय 理解のもと、सिद्धान्तम् 実証、詳説

　この詩句は、伝承された知識が、イシュシュワラクリシュナによって理解され実証され、ゆるぎのない状態になったことを示している。

72．70の詩句は、始終一貫した科学的な60の主題であって、説明的な物語や他のダルシャナに対する議論は除外されている。（72）

सप्तत्यां किल येऽर्थास्तेऽर्थाः कृत्स्नस्य षष्टितन्त्रस्य ।
サプタットヤーム・キラ・イェー・アールタハ・テー・アルターハ・クリッスナスヤ・シャシュタタントラスヤ
आख्यायिकाविरहिताः परवादविवर्जिताश्चापि ॥७२॥
アーキャーイカーヴィラヒターハ・パラヴァーダ・ヴィヴァルジターハ・チャ・アピ

265

第3部　サーンキャカーリカー入門（続）

(註) सप्तत्याम् ７０の詩句による、किल ふさわしい、ये ～であるところの、अर्थाः 主題、ते これら、अर्थाः 主題、कृत्स्नस्य 一貫した、षष्टितन्त्रस्य ６０の主題、आख्यायिकाविरहिताः 説明的な物語は切り離す、परवादविवर्जिताः 対抗する他のダルシャナ、च ～も、अपि ～もまた、

　７０の詩句で述べられた６０の主題、シャシュタ・タントラ（षष्टितन्त्र）とは、「サーンキャカーリカー・イーシュワラクリシュナ」が、拙著『サーンキャとヨーガ』の「まえがき」でふれた「サーンキャ・プラヴァチャナ・スートラ」を参照して、１つの根源（ヴェーダーンタがプラダーナと呼んだ）存在とその客観性、プルシャとプラクリティの識別、プルシャを喜ばせるためのプラクリティの存在、プルシャの本性・特徴、プルシャとプラクリティの合一、モークシャ後のヴィヤクタ（顕れたものとその活動）、さらに、５つの偽りの知識（気づきのなさ）、９種の満足感、２８の欠陥、８の成就・達成などを構築したものとした、という説や、プルシャの一瞥という衝撃によって始まるエネルギーとしてのプラクリティの展開、３つのグナなどを述べたものとする説があるようである。

　最後に、ヤジュル・ヴェーダ（यजुर्वेद）から１つの詩句を紹介しよう。これは、ある研究会の際、参加者の方が私に質問されたことである。

　「リアリティ（reality）とは、何ですか？」

第3部　サーンキャカーリカー入門（続）

真理を探究してきた者が、この天地、広大な宇宙空間あらゆるところを旅して、互いに絡み合い、ダイナミックな真理の編み物になっているのが分かった。そして、遂に、彼は真理そのものとなり、もう、自分は、その一部になっていることに気がついた。

（ヤジュル・ヴェーダ　３２－１２）

परि द्यावापृथिवी सद्य इत्वा परि लोकान् परि दिशः परि स्वः ।
パリ・ドゥヤーヴァープリティヴィー・サドゥヤ・イットヴァー・パリ・ローカーン・パリ・ディシャハ・パリ・スヴァハ
ऋतस्य तन्तुं विततं विचृत्य तदपश्यत्तदभवत्तदासीत् ॥३२ - १२॥
ゥリタスヤ・タントゥム・ヴィタタム・ヴィチュリティヤ・タダ゛パッシャッタダ゛バヴァッタダ゛ーシート

（註）परि द्यावापृथिवी　天地を旅する、सद्य　すぐに、इत्वा　行って、परि लोकान्　すべての空間を巡る、परि दिशः　あらゆる方向を旅する、परि स्वः　天界、至福の場を巡る、ऋतस्य तन्तुं　躍動する真理の編み物、विततम्　拡がる、विचृत्य　知ることになり、तत् अपश्यत्　真理が分かり、तत् अभवत्　真理そのものになったと気づいた、तत् आसीत्　そのものとなっていた、

　２０００年のことで、もう、２０年近くになるが、アニル・ヴィディヤランカール先生から真理は１つだと思っていたところ２つの側面（アスペクト）があると教わり、驚いたことがある。それで想い出したのが、このヤジュル・ヴェーダの詩句である。
　１つの側面は、リタ（ऋत）と言い、サーンキャが述べたプラクリティ（エネルギー）の展開したこの躍動する世界で、編み物のように互いに絡み合って常に変化を繰り返す。これがリアリティ（reality）である。もう１つは、サッティヤ（सत्य）、英

267

語の be 動詞にあたるサンスクリット語の動詞語根アス（√अस्, to be, to exist）から派生した「存在 （英語で）existence、（ヒンディー語で）विद्यमानता ヴィドゥヤマーンター」としての側面である。これは、たった 1 つの意識・根源であり不変不滅の真理（Truth）のことで、サーンキャではプルシャ（पुरुष）と言い、ヴェーダーンタではブラフマン（ब्रह्मन्）と表現したもののことである。このように、サーンキャでは、プルシャ（पुरुष）とプラクリティ（प्रकृति）という言葉で、このヤジュル・ヴェーダの内容を見事に表現しているので、この詩句を「サーンキャカーリカー」の結びとしたい。

以上、本書を読まれて、もし、感じ取っていただければ幸いなのは、勿論、例外として、ラマナ・マハルシのような人物もあるが、インドのダルシャナは、ヴェーダ、ウパニシャッドを根源とした一連の流れの中にあり、ある年代にいきなりスムリティが現れ出たのではない、ということである。従って、既刊の3冊の入門書も順にお読みいただければ、この大きな一連の流れとして把握していただけると思う。

なお、次頁に**サーンキャ**の2つの意味 ① サムミャク・キャーティヒ（完全なる知識、真理 सम्यक् ख्यातिः）② サーンキャ（**数** सांख्य）のうち、**数**を使った巧妙な説明のまとめを載せておく。前著『サーンキャとヨーガ』第1部も参照されたい。

サーンキャカーリカーで使われた数の一覧表

(註) *印は、拙著『サーンキャとヨーガ』の頁数

数	内容	意味	参照頁
1	プルシャ	1つの存在、根源	*42,244
2	プルシャ、プラクリティ	意識とエネルギー	*45
2	ヴィヤクタ、アヴィヤクタ	・目に見えない状態と見える状態 ・顕現と未顕現	*31
2	内的器官、外的器官	器官	*57
2	タイジャサ・アハンカーラ ブーターディ・アハンカーラ	アハンカーラからの2つの流れ	*51,246
3	内的な苦しみ、精神的な苦しみ、外的な苦しみ	ドゥフッカ（苦しみ）	*40
3	ヴィヤクタ、アヴィヤクタ、ギャ	識別すべきこと	*59
3	サットヴァ、ラジャ、タマ	グナ	*38
3	直接的知覚、推論、信頼すべき人の言葉	正しい認識方法	239
3	ブッディ、アハンカーラ、心	内的器官	*53
5	耳、皮膚、目、鼻、耳	感覚器官	*57
5	発声、手、足、排泄、生殖	行動器官	*57
5	音、触覚、形、臭い、味	タンマートラ	*28,253
5	地、水、火、風、空間	マハーブータ	*28,253
5	タマ、モーハ、マハーモーハ、ターミスラ、アンダターミスラ	アヴィッディヤー	*58,258

269

サーンキャで使われた数の一覧表

数	内　容	意　味	参照頁
7	徳、悪徳、虚偽の知識、無執着、執着、アイシュヴァルヤ、アナイシュヴァルヤ	マーヤー、ミティヤーの姿	*61
8	ムーラプラクリティ、マハット、アハンカーラ、タンマートラ（5）	プラクリティの最初の展開	*28,251
8	距離が遠すぎる、距離が近すぎる、感覚器官の損傷、心のさわぎ、微細すぎる、覆われ、隠されている、混ざりすぎ	アヴィヤクタの理由	*35
8	論証、師からの導き、聖典の学習、良き友との出会い、慈しみの心を与えること、3つの苦しみからの脱却	達成・成就	259
10	5感覚器官、5行動器官	感覚器官と行動器官	246,247
13	内的（3）、外的器官（10）	人の身体の器官	248,249
16	タンマートラ（5）、心（1）、感覚器官（5）、行動器官（5）、	プラクリティの展開	*28,245 251
25	ムーラプラクリティ（1）、マハット以下最初の展開（7）、外的器官（11）、マハーブータ（5）、プルシャ（1）	サーンキャダルシャナ25の原理	*28

あとがき

　ヨーガに関わり、インド思想なるものに興味を持っていながら、ヨーガスワルーパナンダジーとアニル・ヴィディヤランカール先生にお会いしてショックを受け、最初にしたことは、今まで習ってきたことをすべてひっくり返して捨ててしまうことだった。そして、アニル・ヴィディヤランカール先生が『入門サンスクリット』という教材を作って、この日本に種を落として下さったので、サンスクリットという言語を学び原典を読むことは、ちょうどクラシック音楽の作曲家のスコアを読むのと同じであるということに気づかされた。そこにすべてが書かれているからである。

　しかし、その頃とあまり変わっていない環境のこの日本にあって、まず、最初に理解してほしいと思ったのは、ハタヨーガ（佐保田鶴治先生は、よく「ヨーガの体操」と表現された）とラージャヨーガの関係、そして、ヨーガとインド思想を勉強するのなら、最初に読まなければならないのは「サーキャカーリカー」と「ブラフマスートラ」だと思い、今日まで少しずつサンスクリット原典から、その翻訳・解説に取り組んできた。そうしないと、例えば、「ヨーガスートラ」や「バガヴァッド・ギーター」を手に取っても、その流れの源流がどこにあり、それらを基にした推論が一般にダルシャナだということも分からない。インドの思想の源流は、ヴェーダやウパニシャッドにあるということを理解してもらったその時、サーンキャやヴェーダーンタ・ダルシャナの理解も深まり、シュルティとスムリティの違いをはじめ、ヨーガの理解も飛躍的に進むであろう。

あとがき

　ところで、中村　元先生の『真理のことば　感興のことば』（岩波書店）を読んでいると、真理のことば　訳注に次のようなことが書かれてあった。

　心　mano(Skrt. manas)この語は「意」と訳すのが、古来日本に伝えられた伝統的教学のきまりであり、諸邦訳者もこの呪縛から脱することができなかったし、わたくしもそうであった。（それにしたがわないと、学問的ではない、と非難される。）（７１頁）

　なるほど、学者先生方の邦訳は、どれもこれも用語が難しくてなかなか意味が取れないのは、そのせいであったのか、と初めて納得がいった。
　幸い、私の学んだ先生は、英語だったので、そのようなことはまったくなかったし、また、教材そのものが、訳語よりも、次のようなことをより重要視する内容だった。
　例えば、第２５課に出てきた「経典を知る者の奢り」（शास्त्रदर्पः）は、河の向かい岸まで渡してくれる船頭と３人の学者の物語である。ヴェーダを始め聖典に造詣の深い３人の学者が船頭に言う。
　お前は、これこれの経典を読んだか。読んでないのなら、人生の３／４は無駄になったな、と船頭を嘲笑する。そのうち大嵐が来て、船が沈みそうになり、船頭は泳げるか、と聞く。恐怖に苛まれた学者達は、全く泳げないと言うと、泳げないなら人生すべてを失ってしまいますよ、と船頭。ラーマクリシュナは、この話をよく弟子達にしたそうで、この世は大海原のようなもの、聖典の知識を持っているだけでは溺れてしまう、と諭

したそうである。

　また、日本には古典芸能として能があり、老女物の最高峰として「卒塔婆小町」がある。上演される機会は少ないが、高野山の僧が摂津の国阿倍野付近にさしかかったところで、絶世の美女だった小野小町が今や１００歳の老婆として卒塔婆に腰掛け休んでいるのに出会う。卒塔婆はストゥーパ（釈迦の遺骨を納めた塚、要するに仏の体）なので、僧がそれを咎めると、小町は文字も見えず、ただの朽ち木にしか見えぬと言う。私にはまだ花のような心があるのだから、腰掛けたとしても卒塔婆への手向けになる、と言い返す。人の体の五大構成要素（地水火風空）も卒塔婆と隔てはないはず、仏の体だと知ればこそ卒塔婆で休んでいるのだ、と言い負かし、次の歌を詠む。

極楽の内ならばこそあしからめ、そとは何かは苦しかるべし

僧は只者ではないこの老婆に驚き礼拝し身分を尋ねる。

　聖典や経典は、真理への道を示してくれるだけ、ここから何かを学び実践していくことが大切である。拙著『サンスクリット原典から学ぶ　般若心経入門』１１０頁でふれた通りサーダナが深まれば、言葉の論理から次第に言葉の必要はなくなる内的体験によって聖典、経典の意味も分かるのである。本書が皆さん方、特に次の世代の方のお役に立てば幸いである。

　なお、本書の刊行については、前著に引き続き東方出版（株）の今東成人氏に大変お世話になった。心から感謝申し上げたい。

真下　尊吉（ましも　たかよし）
慶應義塾大学　経済学部卒。
コンピューター・インストラクター、Webデザイナーをする傍ら、故熊谷直一氏、故番場一雄氏に師事しハタヨーガを学ぶ。助教授資格取得。サンスクリット語は、言語学者で哲学博士のアニル・ヴィディヤランカール先生にイントロダクトリー・サンスクリットを学び、その後、チンマヤ・ミッションにてアドヴァンスド・サンスクリットを学ぶ。また、同ミッションにてバガヴァッド・ギーター全コースを修了。2011年より「ニャーナ・プラープティヒ」研究会主幹。神戸新聞カルチャー講師。
著書『ハタヨーガからラージャヨーガへ』（東方出版）
　　『サーンキャとヨーガ』（東方出版）
　　『サンスクリット原典から学ぶ 般若心経入門』（東方出版）
著書のサポートブログ
　　https://ameblo.jp/maharsi/
　　＊既刊書の正誤表などをダウンロードいただけます。

ギーターとブラフマン

2019年5月24日　初版第1刷発行

著　者　真下尊吉
発行者　稲川博久
発行所　東方出版（株）
　　　　〒543-0062　大阪市天王寺区逢阪2-3-2
　　　　Tel.06-6779-9571　Fax.06-6779-9573
装　幀　濱崎実幸
印刷所　亜細亜印刷（株）

乱丁・落丁はおとりかえいたします。　ISBN978-4-86249-360-6

書名	著者・訳者	価格
サンスクリット原典から学ぶ般若心経入門	真下尊吉	1800円
サーンキャとヨーガ	真下尊吉	3000円
ハタヨーガからラージャヨーガへ	真下尊吉	1800円
基本梵英和辞典 縮刷版	B&A・ヴィディヤーランカール/中島巖	8000円
入門サンスクリット 改訂・増補・縮刷版	A・ヴィディヤーランカール/中島巖	7000円
ヨーガ・スートラ パタンジャリ哲学の精髄 原典・全訳・注釈付	A・ヴィディヤーランカール著 中島巖編訳	3000円
インド思想との出会い	A・ヴィディヤーランカール著/中島巖編訳	2500円
八段階のヨーガ	スワミ・チダーナンダ著/増田喜代美訳	1800円
バガヴァッド・ギーター詳解	藤田晃	4500円

＊表示の値段は消費税を含まない本体価格です。